汉唐丝绸之路

西安小史丛书

XI'AN XIAOSHI CONGSHU

西安出版社

西安曲江出版传媒股份有限公司

图书在版编目（CIP）数据

汉唐丝绸之路 / 张燕编著. -- 西安 : 西安出版社，2015.8（2019.1重印）
（西安小史）
ISBN 978-7-5541-1215-1

Ⅰ. ①汉… Ⅱ. ①张… Ⅲ. ①丝绸之路—史料—西安市—汉代～唐代 Ⅳ. ①K928.6

中国版本图书馆 CIP 数据核字（2015）第 204145 号

西安小史丛书

汉唐丝绸之路

编　　著：张　燕
责任编辑：张增兰　范婷婷
责任校对：张爱林
装帧设计：辛梦东
出　　版：西安出版社
（西安市长安北路 56 号）
电　　话：（029）85253740
邮政编码：710061
网　　址：www.xacbs.com
发　　行：西安曲江出版传媒股份有限公司
（西安曲江新区雁南五路 1868 号影视演艺大厦 14 层）
印　　刷：三河市兴国印务有限公司
开　　本：889mm×1194mm　1/24
印　　张：6.75
字　　数：114 千
版　　次：2016 年 1 月第 1 版
印　　次：2019 年 1 月第 4 次印刷
书　　号：ISBN 978-7-5541-1215-1
定　　价：48.00 元

《西安小史》丛书编委会

序一

坊间以西安或长安历史为题的著述多矣，为何还要编写并出版这样一本“小史”？这是我在阅读《西安小史》书稿之前心中的一个疑问。可是读完之后，却有了新的认识。

长安作为历史上最具盛名的都城，其特色鲜明，内涵丰富，为世所公认。即便从世界范围看，能够与之媲美的，也不多见。古代长安曾经集中了中国文化的精华，或者说，曾经是中华文化的典型代表。无论是其思想内容，还是其表达形式，皆堪称典范。要理解中国的历史及其同世界其他地区文明的关系，特别是解读中国制度文化的历史，离开了长安这座伟大的城市，恐怕是很难找到正解的。我们完全可以说，在当代中国，地理位置居中、但在感觉上略为偏西的西安，其实是理解中国传统与文化的一把钥匙，从某种意义上说，也是理解当代中国的关键之一。由于这样的历史地位和对于人类文化发展的贡献，有很多人为其著书立说，自是理所当然。

然而，我们能够读到的关于长安或西安历史文化的书籍，还是以严肃的研究类著述居多。这样性质的论著，对于学术研究的进步当然是很好的。可是，如今社会，有很多普通的民众，对中国文化的来龙去脉，以及如何一步步走到今天并不清楚。要回答这样的问题，学者们就应当基于严谨的学术态度，而用通俗易懂的语言，将历史的真实告之世人，从而显著地缩小当代与历史的距离，培育并增进那种本应得到继承，然而事实上却有些淡漠、甚至可以说暌违已久的民族历史情感。

在我看来，这正是此谦逊地自名为“小史”，内容却丰富多彩的读物所承载的使命。读完之后，我掩卷而思，甚感作者用心之良苦、匠心之独运。作者是专业人士，学养深厚。有此基础，故全书概念准确，内容丰富，取舍得当，读来令人饶有兴味。一卷在手，费时不多，古长安之历史兴衰及其对于当代的影响，可以有个初步的认识，这一点，是勿庸置疑的。

然而我还要特别指出，本书与许多类似的著述所不同的两个特点。

第一，近代以来，随着社会的变迁，长安文化在许多人看来不过是一种久远的历史存在。当然，国人和世界都不会不注意到古代长安的文化遗存，但注意力更多地停留在物质的或外在的表现方面，长安文化的精神与核心却往往是被忽视的。然而本“小史”却非常重视对内在精神文化的解读，虽笔墨不多，用语也并不佶屈聱牙，然有其深意在焉。我们知道，历史上所有伟大的城市，之所以千古留名，从根本上说，是因其体现了某种足以反映时代特征的伟大思想和精神。我们说起长安，就会情不自禁地联想到汉唐气象，这说明长安具有有别于其他古代城市的特殊精神气质。而其空间格局和建筑的样式等等，只不过是其思想与精神气质的外在表现，是思想与精神气质的物化。这一点，如果本书的读者稍加留意，是一定会注意到的。

第二，本书作者在娓娓道来之际，给自己确定了一个相当高的学术品格。这个品格除了以严谨的态度尊重历史事实之外，还体现为其视野和胸怀。我曾在另外一个场合说过，长安学的研究应当遵循一个基本原则，即要有历史起点、当代情怀和世界眼光。所谓世界眼光，是说解读长安或西安的历史，必须要超越今日西安的空间范围。换言之，我们不能坐井观天，而必须换个角度回望自己的历史。舍此，我们其实无法准确地解读长安或西安在中国历史甚至世界历史上的地位与影响。我相信，如果读者明白了这一点，就不会对本“小史”中的某些内容远离关中中部这个相对狭小的地理空间而感到诧异了。

总之，这是一套好书，我愿意向各位郑重推荐。我相信借助此书，我们一定能够同作者一起，分享根植于我们灵魂深处的对于西安、对于祖国、对于人类文明的深厚情感。

萧正洪

（中国古都学会会长）

2015 年 7 月 30 日

序二

西安古称长安，是世界最著名的古代大都会之一，著名的丝绸之路的起点就在西安，其在古代中国与亚洲、非洲和欧洲各国的经济文化交流中发挥了重要的作用。在西安建都的王朝前后有13个之多，是我国建都时间最长、建都王朝最多的城市，被列为“七大古都”之首。尤其是隋唐时期的长安城，不仅是我国历史上规模最大的城市，其84.1平方公里的面积，是汉长安城的2.4倍、明清北京城的1.4倍；同时也是当时世界上规模最大的一座城市，比同时期的东罗马帝国的都城君士坦丁堡大7倍，也比公元800年所建的巴格达城大6.2倍。位于长安城北龙首原上的唐大明宫，是我国历史上规模最大、最为宏伟的一处宫殿群，其面积是今北京故宫的3.5倍。如此宏伟壮丽的城市，不仅是这一时期全国的政治、经济和文化中心，也是世界各国各地区的人们向往的黄金帝国。据《唐六典》的记载，当时来长安与唐通使的国家、地区多达300个，其中东罗马帝国先后7次遣使至长安，日本遣唐使到达长安16次，阿拉伯帝国曾36次派使节到长安，西域各国“入居长安者近万家”，在唐朝政府中担任各种官职的外国人也为数不少，因此长安城可谓真正的国际大都市。

正因为如此，西安地区的历史文化积淀十分深厚，著名的半坡、秦兵马俑、阿房宫、汉长安城、大明宫、大唐西市、明城墙以及大雁塔、小雁塔、大兴善寺、华清池、兴教寺、青龙寺等历史遗址星罗棋布，其周围的帝王与历史名人的墓葬和文化胜迹更是数不胜数。此外，由于西安是丝绸之路的起点，自从有了这条道路，古代世界才真正开始联结成为一个整体，人类文明进步的脚步进一步加快，人类物质和精神生活由此而更加丰富充实和绚丽多彩，东方历史和欧亚各国文化的发展由此改观。因此，人们称誉这条丝绸之路为“推动世界历史车轮的主轴”，是“世界文化的孕育地”“世界文化的母胎”，是“世界文化的大运河”。当然丝绸之路绝不仅仅是一条东西方之间的商贸通道，它更是一条外交之路、对外开放之路、民族融合之路、文化传输之路和文明交融之路。

然而，如此丰富而深厚的历史文化积淀，直到目前尚未有一套简明扼要、适合普通读者阅读的介绍西安历史文化的书籍问世。有鉴于此，西安出版社和曲江出版传媒股份有限公司组织专家学者编写了这套《西安小史》丛书，以便为广大读者、游客和关注西安历史文化的中外人士服务。

这套丛书共由六部小书组成，即《汉长安城》《隋唐长安城》《西安十三朝》《西安历史名人》《西安文化名人》《汉唐丝绸之路》，每部小书约为5万至6万字，各配有数十幅精美的彩色图片。因此，图文并茂，是这套丛书的第一个鲜明特点。

为了使广大读者在工作之余能以更短的时间了解西安的历史文化，故采取了专题式的写作方法。每部小书约有一百多个条目，每个条目约有数百字，把这一专题相关的内容系统而简要地介绍出来。因此，文字简洁，流畅自然，是这套丛书的又一个显著特点。

这套丛书的作者均为西安地区高等学校和文博部门从事多年考古与历史研究的专家学者，对西安地区的历史文化有着深入的研究。每部书所收的专题都经过反复讨论后才最终确定。初稿完成后，又经过了认真的修改完善。因此，内容丰富，知识科学，也是这套丛书的特点之一。

其中《汉长安城》分为 9 大专题，即城墙与城门、殿阁、官署、礼制建筑、市场作坊、里巷街道、苑囿、陵墓、军营等，共百余条目，详细介绍了汉长城近 800 年的都城史以及其兴建、繁荣、衰落的历史过程。

《隋唐长安城》分为 13 个大专题，即总论、三大内、皇城与官署、外郭城、坊市与宅第、庙坛、寺观、风景名胜、井渠、离宫别馆、陵墓、岁时风俗等，一百多个条目，介绍了其作为隋唐两朝都城 300 多年的历史情况以及城市的发展变迁史。

《西安十三朝》以在长安地区建都的西周、秦、西汉、新莽、东汉献帝、西晋、前赵、前秦、后秦、西魏、北周、隋、唐等王朝为专题，每个专题中又分为若干条目，主要围绕着这些王朝的重大事件、典章制度、经济状况、文化成就以及兴衰历史等情况，进行了详细的介绍。

《西安历史名人》共分为 119 个条目，介绍了上至先周时期、下止民国时期 3000 多年间的众多历史人物，包括杰出帝王、名臣将相、政治家、改革家、外交家、旅行家以及为中华民族的发展做出过贡献的各类人物。在详尽介绍其生平情况的同时，着重介绍了其历史贡献以及在我国历史上的地位。

《西安文化名人》共分为 120 个条目，着重介绍了从上古至民国时期以关中为籍贯或者曾在这块土地上生活过的历代文化名人的事迹。包括文学家、音乐家、美术家、书法家、史学家、佛学家、经学家、科学家、剧作家等各类文化名人，除了介绍其生平事迹外，侧重对其在各自领域内所取得的突出成就及其地位进行客观的评价，在一定程度上可以反映我国古代文化史的发展情况。

《汉唐丝绸之路》共分为 114 个条目，详细介绍了以长安为起点的丝绸之路沿线的国家民族、城市聚落、历史遗存、道路走向以及中外经济文化交流的情况。除了介绍汉唐时期丝绸之路的发展变化情况外，还对早期丝绸之路的历史进行了介绍。为了响应习主席提出的“一带一路”的战略构想，还专门设计了相关的条目，对其内涵予以介绍。

这套丛书的编写与出版，是一种新的尝试，主要目的是想用一种图文并茂、简明易懂的方式介绍西安的历史与文化，以有别于学术著作的晦涩难懂，以满足广大群众了解西安历史的需要。因此此书的出版，无疑有利于宣传西安及陕西的悠久历史和灿烂文化，扩大其影响，同时对西安地区旅游业的发展也将起到积极的推动作用；对古代丝绸之路历史的介绍和“一带一路”的宣传，则有利于广大人民群众对这一伟大战略构想的了解。

杜文玉

（中国唐史学会副会长、陕西师范大学教授）

2015 年 5 月 15 日

目录 contents

早期丝绸之路
ZAOQISICHOUZHILU

早期的丝绸之路，指在西汉张骞正式开辟陆路丝绸之路以前的丝绸之路，是中国历史上黄河、长江流域的中央王朝与周边地区并延伸到更远地区的贸易通道的称谓。早期的丝绸之路上并不是以丝绸为主要交易物资，在公元前 15 世纪左右，中国商人就已经出入塔克拉玛干沙漠边缘，购买产自新疆地区的和田玉石，同时出售海贝等沿海特产，同中亚地区进行小规模贸易往来。而良种马、单峰骆驼及其他适合长距离运输的动物也开始不断被人们所使用。早期丝绸之路主要有草原丝绸之路，古希腊学者希罗多德对此早有记载，他指出早在公元前 7 世纪末，欧亚草原游牧部族就已携带商品，从蒙古高原出发，经阿尔泰山，过南西伯利亚，达黑海北岸斯奇提亚人居住区，故这条路线也叫斯奇提亚贸易线，考古工作者在乌兹别克斯坦、俄罗斯南部都发现过丝绸碎片；另外，还有自长安经青藏高原通向南亚的丝绸之路（高原丝绸之路），自成都经滇西通向南亚的丝绸之路（南方丝绸之路），自徐闻古港经台湾海峡通向东南亚的海上丝绸之路。

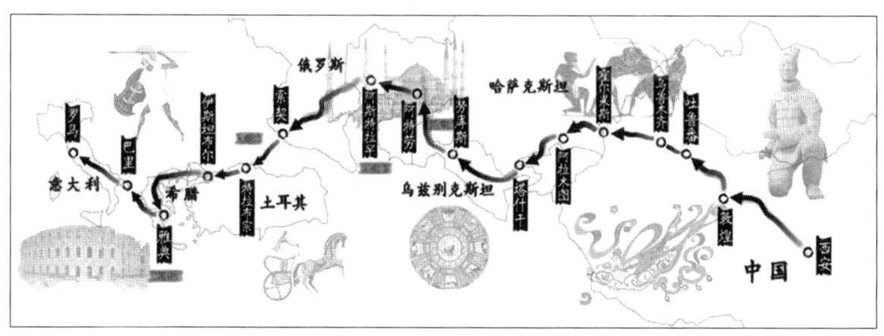

早期丝绸之路

海上丝绸之路
HAISHANGSICHOUZHILU

海上丝绸之路，又被称为香料之路、陶瓷之路、香药之路，是指中国与世界其他地区之间海上交通的路线，以中国为起点，东到日本、朝鲜半岛，西经东南亚、印度洋地区，直至西亚和东北非。扬州、明州（宁波）、泉州、番禺（广州）为海上丝绸之路的四大港口。海上丝绸之路主要有东海丝路和南海丝路：东海丝路最早始自周武王，灭商后（前1112年），他封箕子到朝鲜，从山东半岛的渤海湾海港出发，到达朝鲜，教其民田蚕织作，中国的养蚕、缫丝、绸织技术由此通过黄海最早传到了朝鲜；南海丝路是唐宋以后中外交流的主要通道，起点主要是

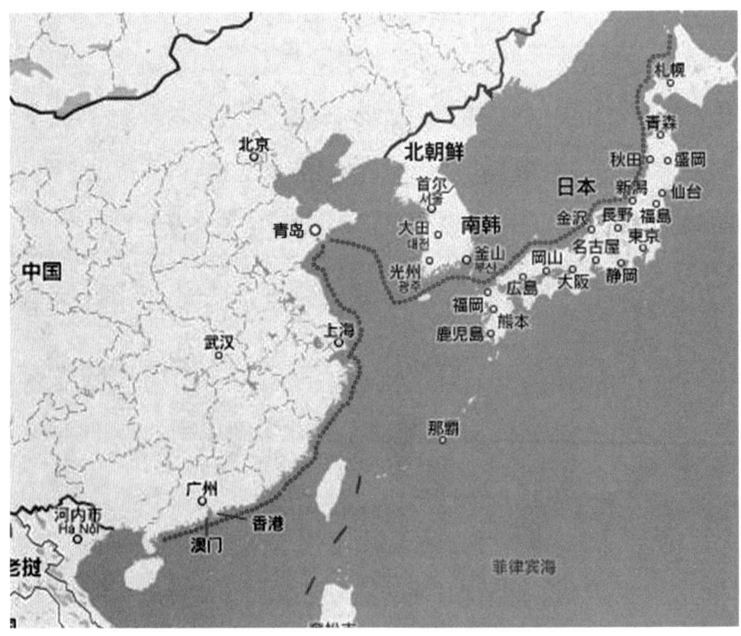

海上丝绸之路示意图

广州、泉州、宁波，形成于秦汉时期，发展于三国隋朝时期，繁荣于唐宋时期，转变于明清时期，是最为古老的海上航线之一。海上丝绸之路的主港，历代有所变迁，但海南岛始终扼航道之要冲。从 3 世纪 30 年代起，广州取代徐闻、合浦成为海上丝路的主港。宋末至元代时，泉州超越广州，与埃及的亚历山大港并称为“世界第一大港”。明初，泉州港衰落，漳州月港兴起。清代闭关锁国，广州长时间处于“一口通商”局面。历代海上丝路，亦可分三大航线：①东洋航线由中国沿海港至朝鲜、日本；②南洋航线由中国沿海港至东南亚诸国；③西洋航线由中国沿海港至南亚、阿拉伯和东非沿海诸国。

西南丝绸之路
XINANSICHOUZHILU

西南丝绸之路又称南方丝绸之路、蜀身毒道。起点是成都，分为灵关道、五尺道和永昌道三道，在叶榆（今云南大理境内）汇合，行经巂唐（今云南保山）、滇越（今云南腾冲）、掸国（今缅甸）至身毒（今印度）。张骞出使西域，在大夏发现从身毒转贩而来的蜀布、筇竹杖。元狩元年（前 122 年），汉武帝派张骞打通“蜀身毒道”，未能成功。东汉明帝永平十二年（69 年），哀牢人归附，东汉王朝将“蜀身毒道”全线贯通。唐代西南丝绸之路更加兴旺发达，中国的丝绸、铁器、蜀布、筇竹杖、工艺品、漆器从成都出发，沿着西南深山密林中的通道，输出到南亚、西亚以至欧洲，国外的琉璃、宝石、翡翠、珍珠等又通过此道输入中国。

另有一种说法，认为西南丝绸之路的起点是长安（今西安）：一条是从西安到成都再到印度的山道崎岖的“西南丝绸之路”，即陕康藏茶马古道——蹬古道，通向南亚、中亚、欧洲国家；另一条是从长安出发，经邛崃、雅安、灵关、西昌、姚安至大理，又称“灵关道”；第三条是上述两条汇合后西行，经漾濞、永平、保山、腾冲出缅甸，从保山至缅甸段称为“永昌道”。后来由于又发现和开辟了新的道路，西南丝绸之路才逐渐人稀。

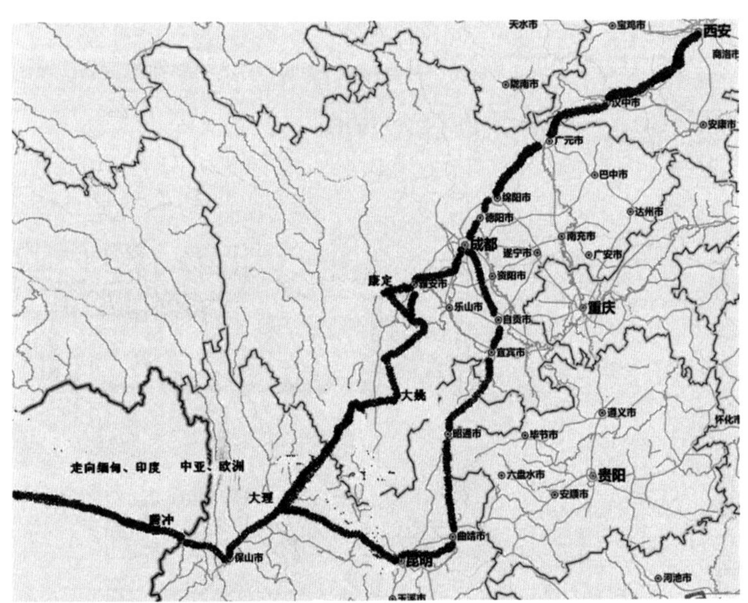

西南丝绸之路示意图

丝绸之路之别名
SICHOUZHILUZHIBIEMING

丝绸之路的别称很多，如“皮毛之路”、“玉石之路”、“珠宝之路”和“香料之路”。海上丝路在中世纪以后输出的瓷器很多，所以又称“陶瓷之路”。

丝绸之路支线
SICHOUZHILUZHIXIAN

丝绸之路有数条干线和支线，干线主要有草原丝绸之路、绿洲丝绸之路、海上丝绸之路和西南丝绸之路，干线之中又有若干条支线。

（1）西南丝绸之路：即陕康藏茶马古道——蹬古道，通向南亚、中亚、欧洲国家。西南丝绸之路起点是成都，分为灵关道、五尺道和永昌道三条支线。

（2）西北丝绸之路：由长安经中亚诸国及伊朗、伊拉克、叙利亚等到达地中海，以东罗马为终点，全长6000多公里。这条路被认为是联结亚欧大陆的古代东西方文明的交汇之路，经河西走廊到达新疆后分为三路：北道经伊吾（今新疆哈密）、北庭（今新疆吉木萨尔）到乌鲁木齐，然后经过石河子、阿里麻里（今新疆霍城）、伊犁抵达黑海沿岸；中道经吐鲁番、焉耆、轮台、库车、温宿、喀什，翻越帕米尔高原抵达地中海；南道经若羌、且末、于田、莎车，过阿姆河抵达伊斯坦布尔。

（3）草原丝绸之路：起自中国长安，经敦煌、乌鲁木齐、中亚诸国到达罗马，全长5000多公里。草原丝路从黄河中游北上，穿蒙古高原，越西伯利亚平原南部至中亚分两支：一支西南行达波斯转西行，另一支西行翻乌拉尔山越伏尔加河抵黑海海滨。两路在西亚汇合抵地中海沿岸国家。

（4）海上丝绸之路：从广州、泉州、杭州、扬州等沿海城市出发，经南洋到阿拉伯海，甚至远达非洲东海岸的海上贸易路线。海上丝绸之路有三条分支：①东洋航线，由中国沿海港至朝鲜、日本；②南洋航线，由中国沿海港至东南亚诸国；③西洋航线，由中国沿海港至南亚、阿拉伯和东非沿海诸国。

（5）僰道：古道路名。战国、秦汉之际统治者修筑的一条通往僰族聚居地方的道路。李冰为秦国蜀守时（约公元前256—前251年）沿岷江浚河修路至僰族聚居的中心地即今宜宾市，开通了蜀、僰之间的道路。秦始皇统一六国后，派将军常頞接李冰所通之僰道，由僰国中心地向西南延伸，直修筑至今云南曲靖，全长2000余里。因路修筑在僰族集居地内，故称僰道；又因路宽5尺，史称“五尺道”。秦末及汉初一度废弃，汉武帝时复通，更名“西南夷道”。

（6）山地丝绸古道：由西北向东南依次是天山道、昆山道、祁山道、阿山道、唐山道和秦山道。

天山道，以穿越新疆天山而得名，从北向南可分为下面三道：阿拉沟道、捌椝树道、北大渠道。

昆山道，以穿越昆仑山而得名，从西向东可分为下面四道：喀拉喀什河上游山口道、两湖山口道、克里雅山口道、长虹湖沟口道。

祁山道，以翻越祁连山而得名。祁山道又以是否经过敦煌而分为：沙河道、柴盆道、阿山道。

唐山道，以翻越唐古拉山而得名。唐山道在青海、西藏境内又可分为：长江源头道和黄河源头道。

秦山道，以翻越秦岭而得名。秦山道，从西安翻越秦岭至四川成都后，经岷江、邛崃（临邛）、雅安（青衣）、汉源（窄都）、西昌（邛都）、金沙江、云南大姚（青蛉）至大理，或经宜宾、云南昭通（朱提）、昆明（滇池）至大理，从大理西南行经永平（老街）、澜沧江、保山（嶲唐）、怒江、腾冲，从腾冲西南进入缅甸，再至其他地方。

（7）吐蕃丝绸之路：以西安为起点，过咸阳、陇县，经天水，到兰州，从鄯州（今青海东部）进入青海境内，然后穿过西藏、尼泊尔到达印度。

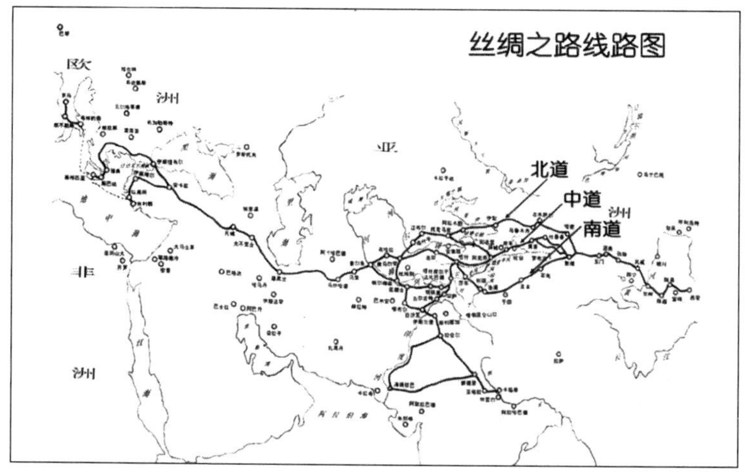

丝绸之路支线示意图

绿洲丝绸之路
LVZHOUSICHOUZHILU

指原来所说的经中亚陆路的丝绸之路，也被称为绿洲之路或者沙漠之路。绿洲丝绸之路的基本走向形成于公元元年前后的两汉时期。它东面的起点是西汉的首都长安（今西安）或东汉的首都洛阳，经陇西或固原西行至金城（今兰州），然后通过河西走廊的武威、张掖、酒泉、敦煌四郡，出玉门关或阳关，穿过白龙堆到罗布泊地区的楼兰。汉代西域分南道、北道，南北两道的分岔点就在楼兰。北道西行，经渠犁（今新疆库尔勒）、龟兹（今新疆库车）、姑墨（今新疆阿克苏）至疏勒（今新疆喀什）。南道自鄯善（今新疆若羌），经且末、精绝（今新疆民丰尼雅遗址）、于阗（今新疆和田）、皮山、莎车至疏勒。从疏勒西行，越葱岭（今帕米尔高原）至大宛（今费尔干纳谷地）。由此西行可至大夏（在今阿富汗）、粟特（在今乌兹别克斯坦）、安息（今伊朗），最远到达大秦（东罗马帝国）。另外一条道路是从皮山西南行，越悬渡（今巴基斯坦达丽尔），经罽宾（今阿富汗喀布尔）、乌弋山离（今锡斯坦），西南行至条支（在今波斯湾头）。如果从罽宾向南行，至印度河口（今巴基斯坦卡拉奇），转海路也可以到达波斯和罗马等地。这是自汉武帝时张骞两次出使西域以后形成的丝绸之路的基本干道。

战国 虎形金饰，1977 年新疆阿拉沟墓地 M30 出土，这件欧亚草原文化风格的饰物显示了新疆与欧亚草原文化的关联

草原丝绸之路

CAOYUANSICHOUZHILU

草原丝绸之路指经蒙古草原沟通欧亚大陆的商贸大通道，为狭义的丝绸之路，是“丝绸之路”的重要组成部分，别称“皮毛

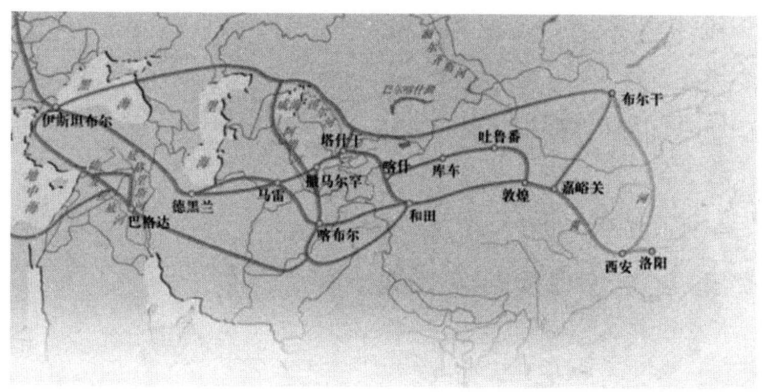

草原丝绸之路（来源于《中国地理》）

路”“茶马路”。草原丝绸之路早于沙漠、绿洲丝绸之路，形成于夏商青铜时代，来往开拓的人类群体依次有卡拉苏克、斯基泰、狄、匈奴、鲜卑、突厥、回鹘、契丹、蒙古等草原游牧民族，故此得名。其线路起始于长安、洛阳，向北逾陕北、今山西大同，到达草原丝绸之路东段起点——内蒙古长城沿线，即现今内蒙古自治区所在地，在此分为三个支道：阴山道，由关内京畿北上塞上大同云中或中受降域；参天可汗道，由塞上至回鹘、突厥牙帐哈尔和林；西段，由哈拉和林往西经阿尔泰山、南俄草原等地，横跨欧亚大陆。主体线路是由中原地区向北越过阴山（今大青山）、燕山一带的长城沿线，西北穿越蒙古高原、南俄草原、中西亚北部，直达地中海北陆的欧洲地区。沿线经过的主要城市有辽上京（今内蒙古巴林左旗辽上京遗址）、元上都（今内蒙古正蓝旗元上都遗址）、集宁路（今内蒙古集宁路古城遗址）、天德军（今内蒙古丰州古城遗址）、德宁路（今内蒙古傲伦苏木古城遗址）、哈喇浩特（今内蒙古额济纳旗黑城遗址）、哈拉和林（今蒙古国前杭爱省哈拉和林遗址）、讹答剌（今哈萨克斯坦奇姆肯特市）、塔拉斯（吉尔吉斯斯坦西北部）、托克马克（今吉尔吉斯斯坦托克马克市）等地。草原丝绸之路的发展与繁荣在蒙元时期达到了顶峰。元朝构成了四通八达的驿站网络，形成了帖里干、木怜、纳怜三条主线，三线最终在哈剌和林地区汇集，由此再向西北经中亚纵向延伸，直至欧洲。

丝绸之路起点——长安
SICHOUZHILUQIDIAN——CHANG'AN

丝绸之路，简称丝路，是指公元前139年与前119年，西汉张骞两次通西域，开辟的以长安（今西安）为起点，经甘肃、新疆，到中亚、西亚，并联结地中海各国的陆上的北方丝绸之路。因为由这条路西运的商品中以丝绸制品的影响最大，故得此名。其基本走向确定于两汉时期，包括南道、中道、北道三条路线。汉唐两代是中国封建帝国的繁荣期，国都长安是当时全国政治、经济和文化的中心，是著名的丝绸之路的起点。自从丝绸之路开通后，长安成为东方文明的中心。西汉时，丝绸之路以横门为起点；唐时，丝绸之路则以开远门为起点，大批的使者和众多的商贾，就是从这里开始沿着丝绸之路西行的。各地丝、茶、瓷器、丝绸及其他商品集中在

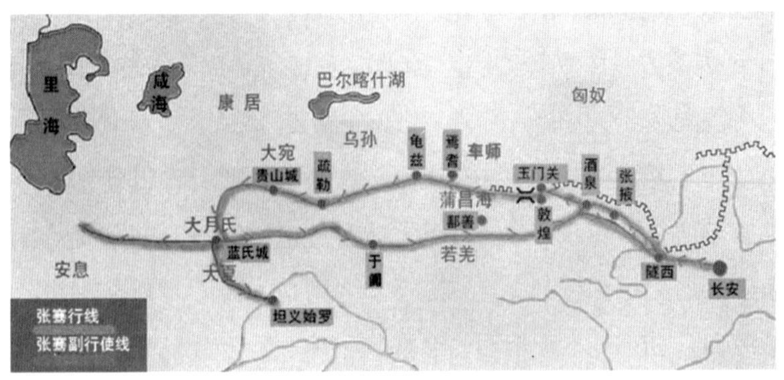

张骞出使西域路线图

长安以后，顺着丝绸之路远播中亚、西亚、南欧乃至非洲；同时，西方的物产和文化也沿着丝绸之路传入中国。汉代张骞出使西域，唐代玄奘天竺取经，出发地和归宿都在长安。唐代长安成为一个开放的国际大都会，外国使节、各地商贾云集长安，日本遣唐使和留学生长住长安，为中外文化交流史写下了光辉的篇章。

月氏和乌孙西迁
YUEZHIHEWUSUNXIQIAN

月氏和乌孙都是我国古代的西北民族，曾经长期游牧于河西地区。月氏和乌孙民族分别在公元前 201 年左右和汉文帝中期从河西向西迁徙，其具体路线是沿天山北麓，至伊犁河流域及天山西部地区。西汉初期，月氏的大部分先迁居伊犁河流域，后又迁至阿姆河以南立国。乌孙则先为月氏所灭，后在匈奴的帮助下逐

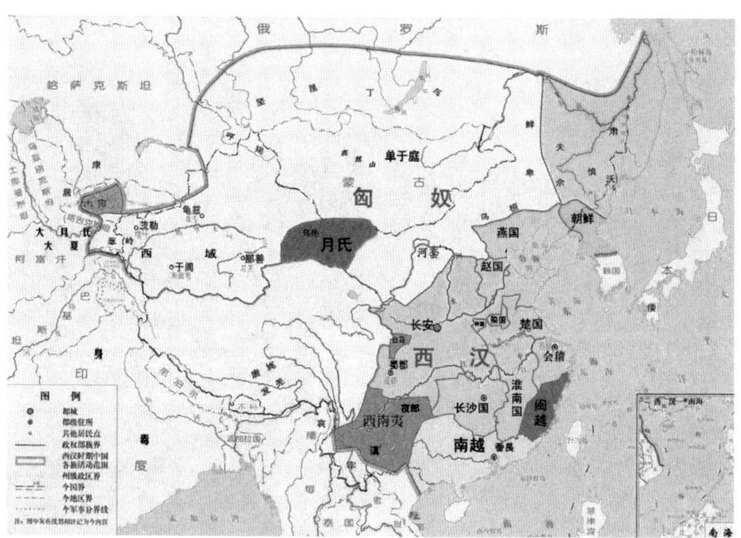

月氏和乌孙西迁示意图

走月氏，复国于伊犁河流域。当时的月氏是一个强大的民族，乌孙虽然人数较月氏少，但张骞在中亚所看到的乌孙已是“控弦者数万”。这两族在西迁时，总人数大约有数十万之众。这样大量人员的迁徙，不仅带去了东部地区政治、经济的信息、物产，更重要的是开辟了从河西沿天山北麓到天山西部的道路，他们应该说是有记载的丝绸之路的最早开拓者。关于月氏和乌孙在河西的故地，古代史籍和现代学者都只是笼统地说“俱在祁连、敦煌间”，并未指出确切的地点，致使许多有关的史实难以得到恰当的解释。

汉匈战争
HANXIONGZHANZHENG

汉匈战争，又称汉匈百年战争，指西汉初年对匈奴的一系列战役，双方各有胜负，前后历经 130 余年。汉匈战争可分为三个

霍去病墓

汉匈战争示意图

阶段：第一阶段从汉高帝七年（前200年）至汉武帝元光元年（前134年）。西汉初年，匈奴国力强盛，西汉政府采取了妥协的和亲政策。第二阶段从汉武帝元光二年（前133年）马邑之战开始，至汉武帝元狩四年（前119年）的漠北之战结束。西汉反守为攻，汉匈双方强弱易势，匈奴被驱逐退守漠北，西汉取代了匈奴在西域的势力。其间，卫青率军夺取河套地区，设置朔方郡；校尉苏建率领10万人兴筑阴山南麓的长城；公元前121年，霍去病兵出陇西，歼灭浑邪王的部队，设置河西四郡；公元前119年霍去病又率军杀至狼居胥山（今蒙古北部的肯特山），一直打到翰海（今俄罗斯贝加尔湖），方才回兵。第三阶段从汉武帝太初二年（前103年）的浚稽山之战开始，至汉宣帝本始三年（前71年）汉援乌孙击匈奴之战结束。汉武帝太始七年（前90年），李广利受命出兵五原伐匈奴，兵败投降匈奴，汉武帝中止了与匈奴的战争，不复出兵。汉宣帝本始三年，汉与乌孙联合发兵，共击匈奴，取得了对匈战争的最后胜利。

张骞凿空西域
ZHANGQIANZAOKONGXIYU

公元前 2 世纪，成固（今陕西城固）人张骞应汉武帝刘彻招募，出使西域联络被匈奴逐出故土的大月氏，以共击匈奴。建元三年（前 138 年），张骞率领 100 多人，带着礼品，离开长安，进入河西走廊后被匈奴人捉住，软禁了 10 年多时间，还被强迫在当地娶妻生子。张骞伺机带着堂邑父逃走，辗转到达大月氏。那时大月氏已建国大夏，另立新王，在妫水（阿姆河）流域定居下来，无意谋攻匈奴。张骞则于元朔元年（前 128 年）回国，改走南道以避匈奴，但中途仍被匈奴发现，又被扣留，一年后适逢匈奴内乱侥幸脱离虎口，于公元前 126 年仅带着妻子和堂邑父返回长安。张骞这次出使历经 13 年，虽未达到目的，但却带回大量西方各地的地理、文化知识，提供了有关匈奴人活动的详细情况。这是历史上中国政府派往西域的第一个使团，传播了西汉王朝的经济和文化，发展了汉朝与中亚各地人民的友好关系，从而开拓了“丝绸之路”，史称“凿空”。

汉武帝通过张骞第一次出使西域的报告得知大宛产汗血马，为此，任命张骞为中郎将，于汉武帝元狩四年（前 119 年）再次派遣其出使西域。张骞遂带 300 人、上万头牛羊和大量丝绸，历经 4 年，先后到达乌孙、大宛、康居、大月氏、大夏、安息、身毒等国，代表汉王朝与当地政府建立了良好的关系。元鼎二年（前 115 年）张骞返回长安，被汉武帝任为大行，负责与外国往来的全部事务。第二年，他便因病去世。随张骞来到中原的乌孙使者见汉朝地大物博，十分富庶，回复了乌孙国王，乌孙主动要求与汉朝联姻，配合汉军北击匈奴。公元前60年，汉设置西域都护府，从此，西域成为我国领土不可分割的一部分。这时，张骞虽死，但功不可没。由此，丝绸之路开始进入繁荣的时代。其间丝绸之路上来往官员、商旅常年不断，数不尽的新奇商品、新鲜技术、思想文化源源不断地流向欧亚非三洲的诸国。

唐 敦煌莫高窟第323窟壁画《张骞出使西域图》（临摹品）

李广利伐大宛
LIGUANGLIFADAYUAN

汉武帝太初元年（前104年），李广利率领骑兵六千、步卒数万，远征大宛。进入西域地区，沿途小国都很恐慌，坚守各自城堡，不肯供给汉军饮食。到达郁成时，汉军所剩士兵不过几千人，人困马乏，李广利即刻下令攻城，结果一败涂地。李广利考虑到郁成城尚且攻不下来，岂能攻破大宛？于是撤军，回到敦煌，损失极为惨重。第一次远征大宛，李广利因轻率出师及指挥不力以惨败告终。

太初三年（前 102 年），李广利再次率汉军 6 万人、牛 10 万头、马 3 万余匹及无数的驴和骆驼等牲畜，还带了大量的粮食，从敦煌西出征。西域的一些小国见汉军如此阵容，赶忙沿途供应饮食，汉军除在轮台遇到抵御外，很顺利地到达大宛。40 多天后，大宛外城被攻破，勇将煎靡被俘，被迫献上大宛国王毋寡的人头、贰师城的良马求和。汉军立亲汉的贵族昧蔡为大宛的新国王，订立盟约，双方罢兵。汉军始终没有踏进大宛城内。由于各级军官腐败，倒卖军需，致使 10 多万远征军饿死，汉军最后只剩 1 万余人、1000 多匹马。汉武帝只赏功不罚过，封李广利为海西侯。李广利征大宛，前后花了 4 年时间，虽然后世批评者甚多，但是这两次远征为后来汉朝在西域设都护府奠定了强国的基础。

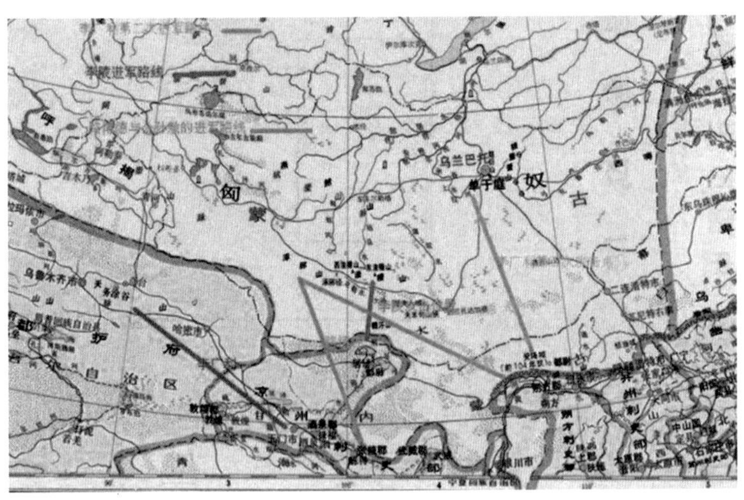

李广利伐大宛路线示意图

汉朝修筑长城

HANCHAOXIUZHUCHANGCHENG

汉初，匈奴乘中原战乱，越过秦蒙恬所筑的长城，与西汉以战国时期秦、赵、燕长城为界。由于这段长城年久失修，北方守军稀少，因此，强大的匈奴不断进入长城以内掳掠，一直深入到代谷、太原、西河、上郡、北地等郡；汉高祖、惠帝、文帝、景帝被迫对匈奴采取和亲政策，嫁公主给单于为阏氏（即王后），并赐予其大量的财物。如此残垣断壁的长城，在一定程度上也发挥了军事防御作用。其后卫青、霍去病、公孙贺、公孙敖等出击匈奴，均以赵、秦长城为进攻退守的主要据点。汉武帝把匈奴赶到漠北以后，修复蒙恬所筑秦长城，并修筑了外长城。汉长城是历史上最长的长城，全长近1万公里，西起大宛贰师城，东至黑龙江北岸，古丝绸之路有一半的路程就沿着这条长城。汉朝修筑

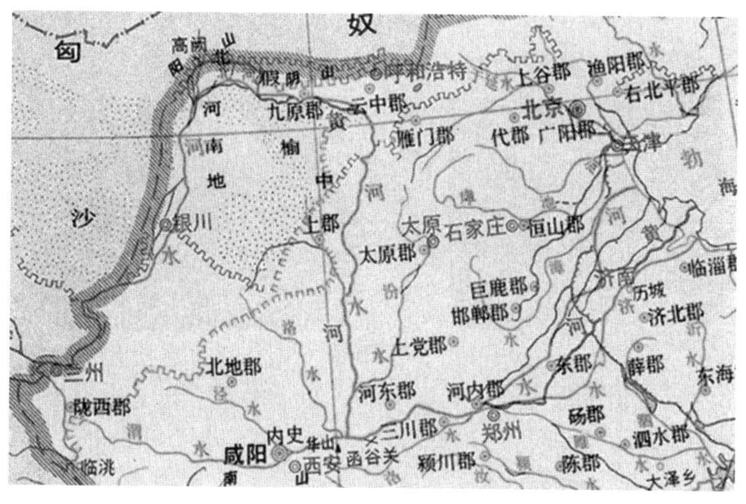

汉朝修筑长城版图

长城，除了军事防御之外，还起着开发西域屯田、保护通往中亚的交通大道“丝绸之路”的作用。

西域都护的设置
XIYUDUHUDESHEZHI

公元前108年，西汉出兵攻破楼兰、车师，打败大宛后，在轮台、渠犁驻兵屯田，设立了“使者校尉”，管理屯田事宜。这是西汉在西域设置的最早的行政机构。公元前68年，西汉特派侍郎郑吉、校尉司马熹到渠犁一带屯田。公元前64年，任命郑吉为“护鄯善以西使者”，主护南道。西汉统一西域后，于汉宣帝神爵二年（前60年）设立了汉朝对西域的直接管辖机构——西域都护府，任命郑吉为西域都护，统管南道和北道。西域都护府的辖境包括自玉门关、阳关以西的天山南北，直到今巴尔喀什

东汉 煤精“司禾府印” 新疆民丰县尼雅遗址出土，此印说明东汉在尼雅一带设有屯田机构，保证了西域丝路的畅通

湖、费尔干纳盆地和帕米尔高原以内的范围，初期有 36 国，以后增加到 50 国，治所设在乌垒城（今新疆巴音郭楞蒙古自治州轮台策大雅南），监护西域诸城各国。于是自敦煌西至盐泽（今罗布泊），修筑了烽燧和城垒，从此，西域正式成为汉朝版图。东汉汉和帝永元三年（91 年），班超平西域，遂以班超为西域都护，驻龟兹境内它乾城（今新疆库车附近）。至汉安帝永初元年（107 年），因西域乱而不复置都护。

南匈奴归附汉朝

NANXIONGNUGUIFUHANCHAO

东汉初年，位于漠北的匈奴日渐强盛，刘秀无力与匈奴战。建武二十四年（48 年），匈奴内部为争王位发生动乱，匈奴贵族相互残杀。匈奴分裂成南北二部，南部匈奴人立日逐王比为呼韩邪单于，建庭五原塞（今内蒙古包头），依附东汉称臣，被汉光武帝安置在河套地区。次年，迁庭于美稷县（今内蒙古准格尔旗西北），即“南庭”。东汉政府设立匈奴中郎将进行监护，并每年给归附的南匈奴一定的粮食、丝帛等物资，南单于则协助东汉政府共同抵御北匈奴的侵扰，这在很大程度上促进了民族间的融合。公元 187 年，南匈奴发生内讧，此时正值黄巾军起义，董卓“挟天子以令诸侯”，南匈奴一部参加了农民军的打土豪活动。公元 195 年，南匈奴参与了中原封建军阀的混战，占据了黄河流域诸多郡县。公元 202 年，南匈奴首领归附曹操。曹操为了北方的稳定，先后将南匈奴分为五部，每部择立贵族为帅，另选汉人为司马对其进行监督。同时，曹操还把并州的中下层匈奴人编入汉族。这样，南匈奴上下完全编入曹魏政权，中国北方完成了实际的统一。

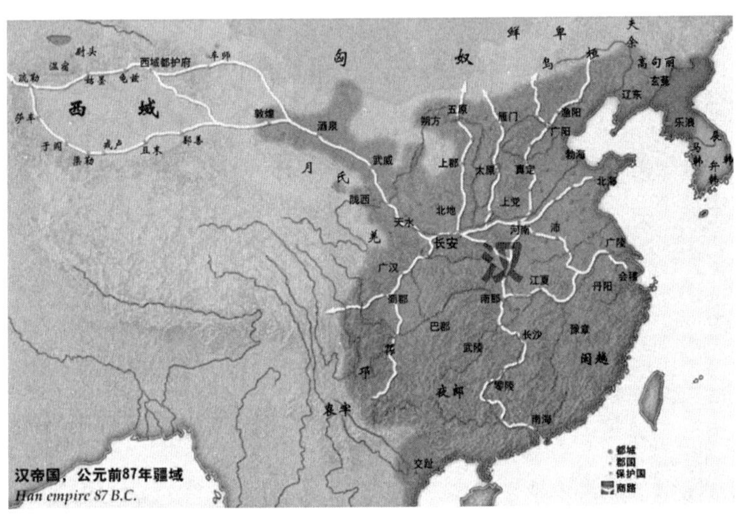

汉朝疆域版图

哀牢归附

AILAOGUIFU

达光王国，是傣族先民在怒江—澜沧江流域建立的部落联盟国家，前期被汉史称作“哀牢国”或“滇越乘象国”，后期被汉史称作“掸国”。“哀牢”本是达光国国王的名字，因他最早与汉朝接触，达光王国也就被汉史称作“哀牢国”。

哀牢是云南、缅甸北部地区一古国，属西南夷百濮系统，存在时间大约自公元前3世纪左右至公元76年，崇拜龙神。哀牢国鼎盛时期东西3000里，南北4600里，大致统治范围南至西双版纳，西至怒江，北至横断山脉，东至洱海一带，中心区域是今云南保山、哀牢山一带。汉武帝时期，派人打通前往身毒（今印度）的道路，于元封二年（前109年）派兵攻打哀牢，使得哀牢全盛时期结束，国势衰落。东汉明帝永平十二年（69年），柳貌继承哀牢王位，派其子献国于东汉，其时哀牢共有5万户、55万余人。东汉政府以益州6县与哀牢地设立永昌郡，以哀牢王为部族君长，另派官吏进行行政管理，哀牢史称此事件为“柳貌丧国”。汉章帝建初元年（76年），类牢继位为哀牢王，起兵反抗东汉，为东汉击破，类牢被杀。自此之后，哀牢不复作为一个独立国家出现。从汉武帝开始，经过近200年的努力，汉朝官方终于打通了滇缅印的通道。

甘英出使大秦
GANYINGCHUSHIDAQIN

汉和帝永元九年（97年），班超派遣部下甘英出使大秦（东罗马帝国）。甘英率领使团一行从龟兹（今新疆库车）出发，经条支（今伊拉克境内）、安息（即波斯帕提亚工国，今伊朗境内）诸国，到达安息西界的西海（今波斯湾）沿岸。安息国是汉朝与大秦交易的中转点，其将汉朝的丝和丝织品与大秦交易，从中获取垄断的暴利。也许是考虑到若汉朝直接开通与大秦的商路会损害其垄断利益，安息人没有向甘英提供更直接的经叙利亚的陆路，而是备陈渡海的艰难与恐怖，甘英在西海却步返还，最终未能到达大秦。甘英虽然没能与东罗马进行直接接触，但却是中国人首次到达地中海东岸（今希腊附近），而且还带回了大量关于中亚、

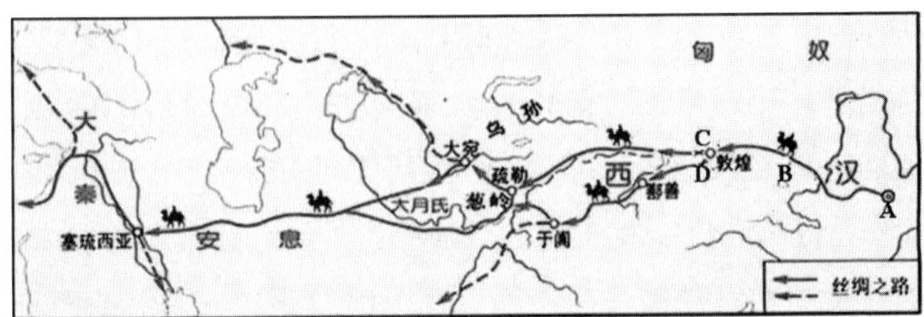

甘英出使大秦路线图

印度、西亚、东罗马等地的情报。以这些情报为基础，丝绸之路的通商逐步走向繁荣。

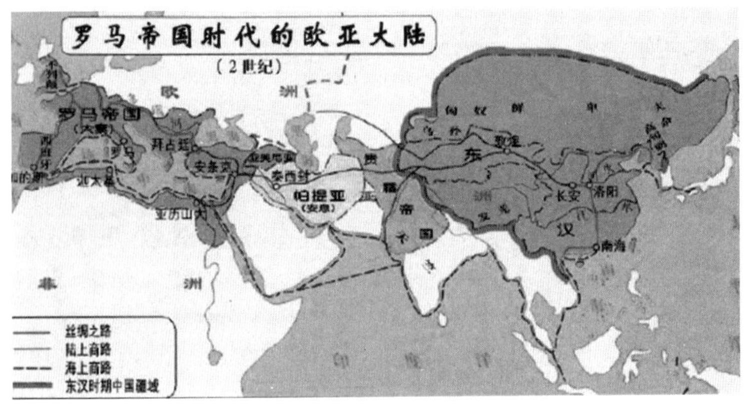

罗马帝国时代的欧亚大陆

大秦出使东汉

DAQINCHUSHIDONGHAN

据《后汉书·大秦传》记载，延熹九年（166 年），大秦王安敦派使者经过东南亚来到中国，向东汉朝廷进献象牙、犀角、玳瑁等物。这是中国史籍第一次记载大秦（东罗马帝国）向中国派遣使者，故在中外关系史上比较重要。但是后世的学者均认为此次大秦出使东汉的使者为大秦商人所冒充，并非是东罗马皇帝安敦派出的使者。关于这一点，《后汉书》的作者虽然作了记载，但也表示怀疑，怀疑的理由是“其所表贡，并无珍异”。尽管如此，这件事至少说明中国与东罗马的经济贸易开展得还是比较早的。

安西四镇 ANXISIZHEN

安西四镇，指唐代前期在西北地区设置的由安西都护府统辖的四个军镇。贞观十四年（640 年）唐灭高昌国，置安西都护府于西州交河城（今新疆吐鲁番西交河故城遗址），管理西域地区军政事务。贞观二十二年（648 年），唐军进驻龟兹国以后，便将安西都护府移至龟兹国都城（今新疆库车），同时在龟兹、焉耆（今新疆焉耆西南）、于阗（今新疆和田西南）、疏勒（今新疆喀什）四城修筑城堡，建置军镇，由安西都护兼统，故简称安西四镇。贞观以后，安西四镇时置时罢，军镇也有所变动。调露元年（679 年），在唐安抚大使裴行俭平定匐延都督阿史那都支等人的反叛后，又重置四镇。以碎叶水旁的碎叶镇代焉耆，从此安西四镇是碎叶、龟兹、于阗、疏勒。垂拱二年（686 年），四镇再次失守，武则天长寿元年（692 年）再度收复。开元六年（718 年），唐玄宗任命汤嘉惠为四镇节度经略使，从此四镇由专设的节度使统领，四镇节度使或称碛西节度使。节度使常驻安西府城龟兹，由安西都护兼领，又称安西节度使。开元七年（719 年），汤嘉惠建议以焉耆镇代替碎叶镇，故安西四镇又恢复为龟兹、于阗、焉耆、疏勒。安史之乱后，安西、北庭以及河西、陇右驻军大部内调，吐蕃乘虚陆续占领陇右、河西诸州，安西四镇与朝廷的通道中断，然而，四镇留守军队仍坚守各镇。直到唐德宗贞元中期，北庭及安西四镇才相继陷于吐蕃。9世纪中叶，回鹘据有天山南北及安西四镇。唐安西四镇对于唐朝政府抚慰西突厥，保护中西陆上交通要道，巩固唐的西北边防，都起过十分重要的作用。

麹氏高昌“胡王”联珠纹锦　1972年新疆吐鲁番阿斯塔那M169出土，养蚕缫丝技术通过丝路传入西域，西域许多地区已能织出锦

安西与北庭都护府
ANXIYUBEITINGDUHUFU

唐太宗为了加强对西突厥地区的管理，在640年攻破高昌以后，在高昌设立了安西都护府。安西都护府管辖天山以南至葱岭以西、包括阿姆河流域在内的辽阔地区。公元702年，武则天为了进一步巩固西北边疆，在庭州设立了北庭都护府，管辖天山以

北包括阿尔泰山和巴尔喀什湖以西的广大地区。北庭都护府设立后，西域地区社会安定，农业、牧业、商业、手工业都得到空前发展，成为西北地区中心。开元元年（713年），第二任都护郭虔瓘进驻北庭后，将所率军队编为田卒，开荒种地，屯垦戍边。唐玄宗为了确保这条中西大道的安全和领土完整，又在北庭设立节度使，统领瀚海、天山、伊吾三军，有镇兵数万，其中瀚海军12000人。作为唐朝设在西域的最高行政和军事机构，安西和北庭两个都护府使唐朝在西域有效地行使政治、军事权利：任命各级官吏，统率边防守军，推行中央政令，唐朝的政治、经济制度在这一带都得以施行。这对维护国家的统一，巩固西北边防，发展中西交通，促进西域和中原乃至中外的经济文化交流，都有着积极意义。

天宝十四载（755年），安史之乱爆发，唐王朝无力西顾，将大批兵力调往内地，吐蕃乘机进扰，西域与内地联系遂被隔绝，后失陷于吐蕃。

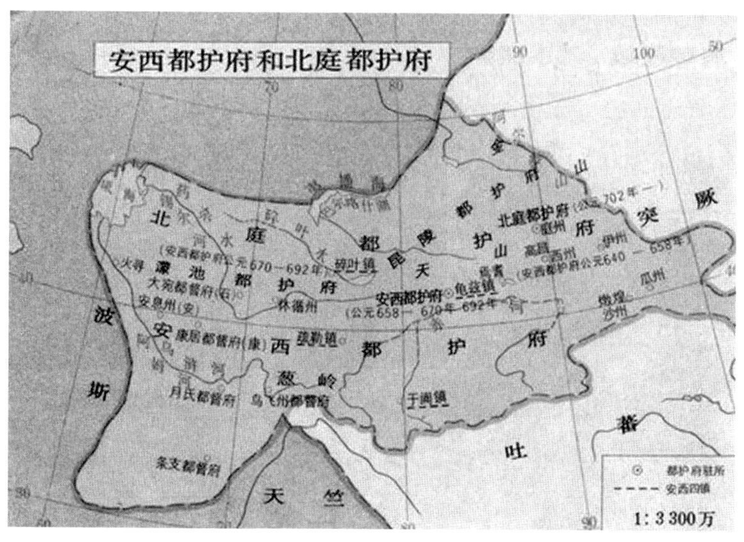

安西与北庭都护府

王玄策出使天竺
WANGXUANCECHUSHITIANZHU

唐朝时的印度叫天竺，分为东西南北中五大部分。唐初，中印度统一了印度半岛，建立了摩揭陀国，并很快与唐朝建立了友好关系。中印交通主要通过今西藏，这是中印双方使节往还的主要途径，唐朝使臣王玄策就是从此道三次出使中印度。公元643年，王玄策与李仪表第一次出使印度，曾沿着赤贞公主进藏的道路，访问了加德满都，在印度王舍城东北灵鹫山凿石为铭，又在

摩珂菩提寺

摩珂菩提寺立碑为记。公元647年，唐太宗命王玄策为正使、蒋师仁为副使，一行30人第二次出使印度，正遇到中天竺戒日王死，国中大乱，阿罗那顺扣留了唐朝使团，王玄策逃脱后，借得吐蕃军队及泥婆罗骑兵，平息了战乱。太宗皇帝大喜，下诏封赏王玄策，授散朝大夫。公元657年，王玄策第三次出使印度，奉命送去佛袈裟。王玄策的三次出使对沟通中印政治、文化交流及中国与南亚各国文化交流做出了贡献。

拂菻使节来华
FULINSHIJIELAIHUA

公元643年，拂菻（即拜占庭帝国）王波多力派遣使臣到长安谒见唐太宗，献上赤玻璃等礼物。唐太宗曾回书问候，并回赠丝织品。其实，见于我国史书的这次拂菻使节来华，并不是以拜占庭皇帝的名义来的。所谓拂菻王波多力，是当时的教皇狄奥多罗斯。这是因为拜占庭的国势已在阿拉伯人的压迫下日渐衰弱，故而想用罗马教皇的名义来中国通好，以求得中国皇帝的支持。此后，从贞观十七年（643年）到天宝元年（742年）的100年间，出于同样目的，拂菻国向中国遣使共7次：643年1次，667年1次，701年1次，711年1次，719年2次，742年1次。唐朝始终待之以礼，却未曾答应予以援助。拜占庭最终向阿拉伯人乞和，偏安一隅。

东罗马金币　东罗马查士丁尼一世时期，1999年青海海西州乌兰县铜普大南湾出土

罗马帝国分裂
LUOMADIGUOFENLIE

由于政治区划、语言、文化、传统等方面的差异，以及最高统治集团内激烈的权力斗争，罗马帝国内部分裂隐患极大。这种情况反映到基督教内部，表现为神学上的争论和教权之争，从3世纪起，明显地分为东西两大派了。罗马皇帝君士坦丁将首都迁到东方的拜占庭，改名为君士坦丁堡，于是君士坦丁堡教区自然成了东派教会之首，与西部的罗马教会对峙。罗马教会因位于罗马帝国的首都，政治、经济势力最大，其主教一直强调罗马教会是由耶稣的大弟子彼得依照耶稣基督的教导建立起来的，罗马教会主教应享有首席地位。公元395年，罗马皇帝狄奥多西一世将

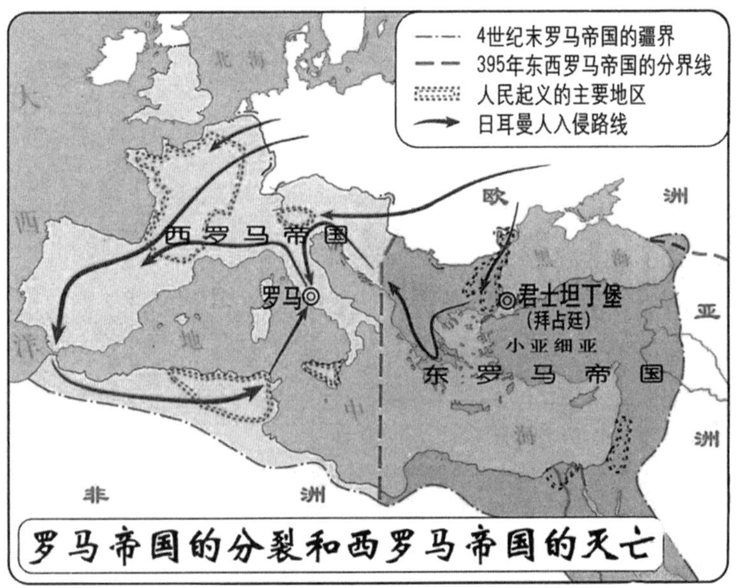

罗马帝国的分裂与西罗马帝国的灭亡示意图

帝国分给两个儿子，于是罗马帝国就正式分裂为东罗马帝国和西罗马帝国。东罗马帝国的都城君士坦丁堡，是在希腊古城拜占庭的基础上建立起来的，因此又称拜占庭帝国；其疆域起初包括巴尔干半岛、小亚细亚、叙利亚、巴勒斯坦、埃及、美索不达米亚及外高加索的一部分；到了皇帝查士丁尼在位时，又将北非以西、意大利和西班牙的东南并入版图。1453 年，东罗马帝国被土耳其人建立的奥斯曼帝国所灭亡。 西罗马帝国的都城在罗马；公元 476 年，罗马雇佣兵领袖日耳曼人奥多亚克废黜西罗马最后一个皇帝罗慕路斯，西罗马帝国遂告灭亡；西罗马帝国的灭亡，标志着奴隶制度在西欧的崩溃。

怛罗斯之战

DALUOSIZHIZHAN

怛罗斯之战是唐朝的势力与来自大食帝国阿拔斯王朝的势力在中亚地区相遇而爆发的战役，也可以说是唐朝和大食争夺中亚地区霸权的战争。

公元 6 到 8 世纪，欧亚大陆上有三个大帝国正处于兴盛期，即东南欧和近东的拜占庭、阿拉伯帝国和大唐帝国。公元 751 年的中国，处于前所未有的鼎盛时期。几乎在同一时期，中东的阿拉伯人也在迅速崛起，从阿拉伯半岛上的几个部落扩张成一个横跨欧亚非三大洲的大帝国。开元三年和五年，突骑施联合吐蕃、大食兵对安西四镇发动过两次战争，均被击退。高仙芝于天宝六载（747 年）率步骑 1 万人远征，平定了小勃律国。天宝九载（750 年），高仙芝再度奉命出军，击破亲附吐蕃的车师国，俘虏其国

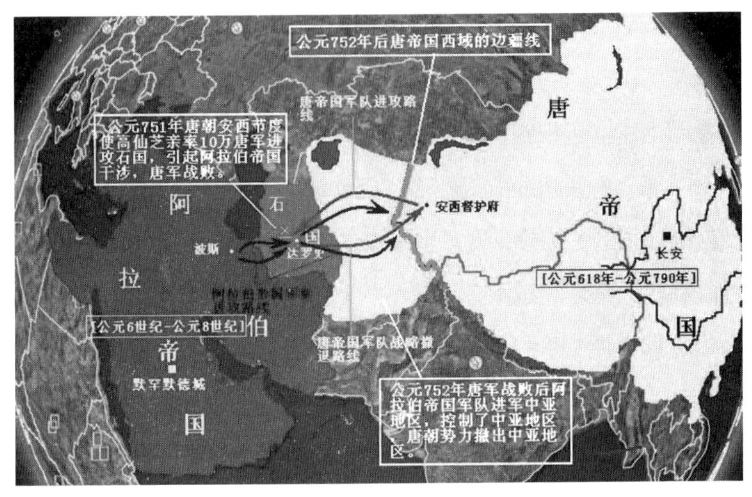

怛罗斯之战示意图

王勃特没。中国成为中亚的控制者。天宝十载（751 年）四月，高仙芝率军从安西出发，到达了中亚名城怛罗斯城（今哈萨克斯坦的江布尔城附近）下，城中已经有阿拉伯军数千人抢先驻守，唐军只好围攻怛罗斯城。面对阿拉伯联军 20 万，再加上内部（西域附属国的军队）临阵反戈，唐军最终战败，高仙芝引残兵撤回安西。唐军的战俘中包括一些造纸工匠，遂使中国的造纸术首次传到了阿拉伯，不久其第一个造纸作坊就出现在撒马尔罕（今乌兹别克斯坦塔什干附近），以后又传到非洲、欧洲各地。所以此战是中外文化交流史上的一件大事。

河西四郡的设立

HEXISIJUNDESHELI

汉朝在长城以北建立了屯垦戍边、移民开垦的大片农业区。公元前 121 年，游牧在河西地区的匈奴昆邪王和休屠王投降汉朝。

汉朝封昆邪为源阴侯，其部众4万余人被安置在陇西、北地、上郡、朔方、云中，称为五属国。随后，汉朝在昆邪王和休屠王原来的游牧地区设置了河西四郡，即酒泉、武威、敦煌、张掖。汉朝时，嘉峪关属于酒泉，金昌属于武威。河西四郡总共有人口28万多，7万多户，其中主要为汉族移民。河西四郡的设立，使汉朝有效地控制了河西地区，保障了丝绸之路的安全与畅通。

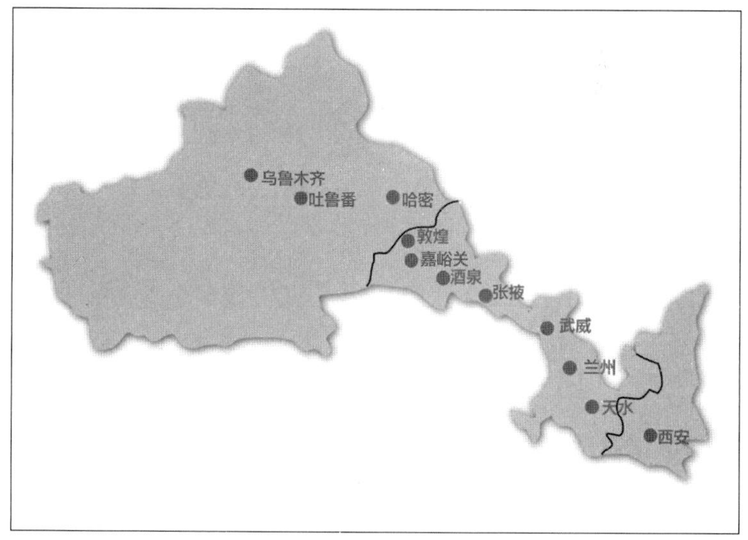

河西四郡示意图

玉门关与阳关

YUMENGUANYUYANGGUAN

玉门关，始建于汉武帝“列四郡、据两关”时期，因西域输入玉石时取道于此而得名，是汉时通往西域各地的门户，故址在今甘肃敦煌西北小方盘城。公元前116年—前105年间，修筑了

玉门关遗址

阳关遗址

酒泉至玉门间的长城，玉门关当随之设立。阳关建于公元前107年左右，曾设都尉管理军务，因在玉门关之南，故名。阳关水源充足，有着渥洼池和西土沟两处最大的独立水源，凭水为隘，据川当险，与玉门关南北呼应。玉门关与阳关均位于敦煌郡龙勒县境，皆为都尉治所，魏晋时期在此设置阳关县，唐代设寿昌县，是历代重要的屯兵之地。玉门关、阳关曾是汉代时期重要的军事关隘和丝路交通要道，是通西域、连欧亚的重要门户，丝绸之路上来往的商贾、僧侣、使臣、游客均曾在这里休憩补水，验证出关。2014年，玉门关遗址成功列入《世界遗产名录》。

西夏王朝 XIXIAWANGCHAO

西夏是11世纪初以党项族为主体建立的政权。唐初，党项族首领拓跋赤辞投降唐朝，被赐姓李，迁其族人至庆州，并被封为平西公。唐末，党项部首领拓跋思恭平黄巢起义有功，再次被赐姓李，封夏国公，从此拓跋思恭及其李姓后代遂成为藩镇势力。1032年，李德明之子李元昊继夏国公位，开始积极准备脱离宋朝。

他定兵制、立军名，创造自己的民族文字——西夏文，西夏文化的核心是儒家文化。1038 年 10 月 11 日，李元昊在兴庆府（今宁夏银川）称帝，国号大夏。蒙古汗国建立后，几次征讨西夏，经过长期的抗争，西夏于1227年被蒙古所灭，在历史上存在了189年，经历 10 代皇帝。其疆域“东尽黄河，西界玉门，南接萧关，北控大漠，地方万余里”，鼎盛时期面积约 83 万平方公里，包括今宁夏、甘肃大部，内蒙古西部、陕西北部、青海东部、新疆东部及蒙古共和国南部的广大地区。前期与北宋、辽平分秋色，中后期与南宋、金国鼎足而立，被人形容是“三分天下居其一，雄据西北两百年”。

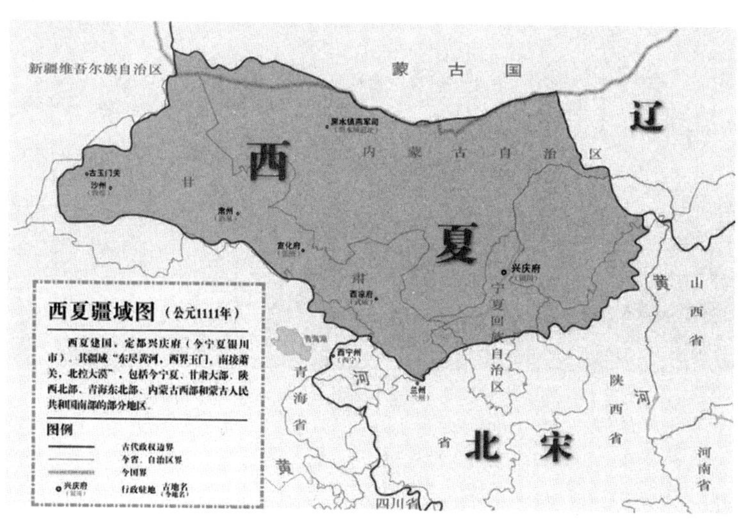

西夏疆域图

西夏王朝遗留至今的最大遗迹就是其王陵区，位于今宁夏回族自治区银川市西约 30 公里的贺兰山东麓，是西夏王朝的皇家陵寝。在方圆 53 平方公里的陵区内，分布着 9 座帝陵，坐北面南，按昭穆（古代宗法制度）葬制排列，形成东西两行，另有 254 座陪葬墓。其中 3 号陵茔域面积 15 万平方米，是西夏王陵中占地面积最大和保护最好的一座，考古专家认定其为西夏开国皇帝李元昊的泰陵。西夏王陵营建于约11世纪初至13世纪初，是我国最大的西夏文化遗址，也是宁夏最重要的一处历史遗产和最具神秘色彩的文化景观。西夏王陵受到佛教建筑的影响，使汉族文化、佛教文化、党项文化有机结合，构成了我国陵园建筑中别具一格的形式。西夏王陵是全国重点文物保护单位、国家重点风景名胜区，被世人誉为“神秘的奇迹”“东方金字塔”。

西夏王陵

西域三十六国

XIYUSANSHILIUGUO

西域三十六国是指自汉宣帝任命郑吉为西域都护开始，当时西域都护管辖的地区。其具体位置在今新疆南疆地区。

公元前138年张骞出使西域时，西域曾先后存在有36个国家。经考证如下：乌孙，今新疆伊犁哈萨克自治州伊宁市、察布查尔

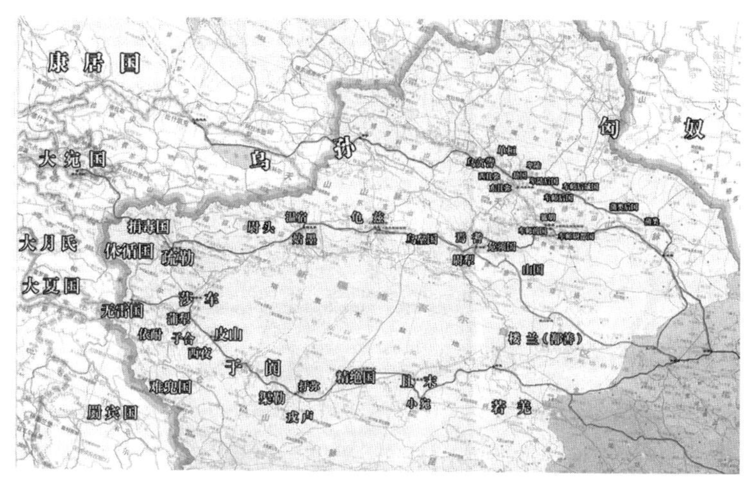

西域三十六国

锡伯县附近几县及现哈萨克斯坦部分地区；龟兹，今新疆阿克苏地区库车县、拜城县一带；焉耆，今新疆巴音郭楞蒙古自治州焉耆回族自治县；于阗，今新疆和田地区和田市一带；若羌，在今新疆巴音郭楞蒙古自治州若羌县东南、罗布泊西北一带；楼兰，在今新疆巴音郭楞蒙古自治州境内的罗布泊荒漠中，后改国名为鄯善（与现在吐鲁番地区的鄯善县有别）；且末，在今新疆巴音郭楞蒙古自治州且末县西南；小宛，在今新疆巴音郭楞蒙古自治州且末县东、车尔臣河南岸；戎卢，在今新疆和田地区于田县南；纡弥，在今新疆和田地区策勒县东；渠勒，在今新疆和田地区策勒县南；（上述4国在今和田地区东部一带，均已被塔克拉玛干大沙漠淹没）皮山，今新疆和田地区皮山县东南的藏桂乡附近；西夜，在今新疆和田地区皮山县西南；蒲犁，在今新疆喀什地区叶城县东一带；依耐，今新疆喀什地区英吉沙县东南；疏勒，今新疆喀什地区疏勒县和喀什市；莎车，今新疆喀什地区莎车县；尉头，今新疆阿克苏地区乌什县和喀什地区巴楚县一带；温宿，今新疆阿克苏地区阿克苏市和温宿县一带；尉犁，今新疆巴音郭楞蒙古自治州库尔勒市和尉犁县；姑墨，今新疆阿克苏地区拜城县一带；卑陆，今新疆昌吉回族自治州阜康市以北一带；乌贪訾，今新疆昌吉回族自治州玛纳斯县、昌吉市以北一带；卑陆后国，今新疆昌吉回族自治州阜康市以东一带；单桓，今新疆昌吉回族自治州玛纳斯县东北；蒲类，今新疆哈密地区巴里坤哈萨克自治县西北；蒲类后国，今新疆哈密地区巴里坤哈萨克自治县西北；西且弥，今新疆塔城地区乌苏市东南；东且弥，今新疆昌吉回族自治州昌吉市以西；劫国，今新疆昌吉回族自治州呼图壁县东北；狐胡，今新疆吐鲁番地区吐鲁番市以北；山国，今新疆巴音郭楞蒙古自治州尉犁县东；车师前国，现新疆吐鲁番地区吐鲁番市交河故城；车师后国，现新疆乌鲁木齐市及附近地区；车师尉都国，今新疆吐鲁番地区吐鲁番市东南；车师后城国，今新疆昌吉回族自治州奇台县周围。

此外，还有大宛、安息、大月氏、康居、浩罕、坎巨提、罽宾、乌弋山离等十几国，均为西域国家，现在中亚及阿富汗、印度等国境内。

交河故城是公元前 2 世纪至 5 世纪由车师人开创和建造的，在南北朝和唐朝达到鼎盛，唐西域最高军政机构安西都护府最早就设在交河故城。9 至 14 世纪由于连年战火，交河城逐渐衰落。元末察合台时期，吐鲁番一带连年战火，交河城毁损严重，最终被弃。城内的官署、寺院、佛塔、坊曲、街道等建筑物至今保存

较好，是目前世界上最大、最古老、保存最完好的生土建筑城市，也是我国保存 2000 多年最完整的都市遗迹。交河故城现为国家重点文物保护单位，被誉为“世界上最完美的废墟”，2014 年作为“丝绸之路：长安—天山廊道的路网”中的一处遗址点成功列入《世界遗产名录》。

交河故城遗址

高昌国 GAOCHANGGUO

高昌是汉族在西域建立的佛教国家，位于今新疆吐鲁番东南之哈拉和卓，为东西交通往来的要冲，亦为古代新疆政治、经济、文化的中心地之一。

高昌国大致经历了三个发展阶段：高昌壁时期（前 48—327 年）；高昌郡时期（327—442 年）；高昌国时期（443—640 年）。

在长达数百年的历史时期内，以交河城、高昌城为中心，逐渐形成了一个相对独立、稳定的以汉人为主体的生活区域。公元5世纪中叶至7世纪中叶，吐鲁番盆地曾先后出现4个独立王国，分别是阚氏高昌、张氏高昌、马氏高昌及麴氏高昌。公元640年，唐朝派军队灭麴氏高昌，设置西州，并将安西都护府设置于此。安史之乱后高昌被回鹘侵占。

高昌国遗址

楼兰国 LOULANGUO

楼兰古国于公元前176年以前建国，到公元630年神秘消亡，共有800多年的历史。楼兰国的范围东起古阳关附近，西至尼雅古城，南至阿尔金山，北至哈密。楼兰古城呈正方形，面积约12万平方米，位于罗布泊西部，是西域的交通枢纽，在古代丝绸之路上占有极为重要的地位，现在只留下了一片废墟伫立在沙漠中。

早在2世纪以前，楼兰就是西域一个著名的“城廓之国”。它东通敦煌，西北到焉耆、尉犁，西南到若羌、且末。古代丝绸之路的南、北两道从楼兰分道。楼兰古国是西域三十六国中的强国，公元元年前后与汉朝关系密切。楼兰国境接近玉门关，汉使者经常通过这个关门前往西域诸国，经过楼兰境内名为白龙堆的沙漠，沙漠中经常有风，将流沙卷入空中形状如龙，令行人迷失方向。汉朝不断命令楼兰王国提供向导和饮用水，因汉使屡次虐待向导，楼兰拒绝服从其命令，两者之间关系恶化。汉昭帝最终派傅介子暗杀了国王，将在汉朝廷做人质的王子婚配一位美姬送回楼兰继承王位，又以保护国王的名义下派部队驻屯楼兰境内，从而为讨伐匈奴和西域诸国获得了主动权。此后汉王朝势力衰弱，楼兰再次走向衰落。

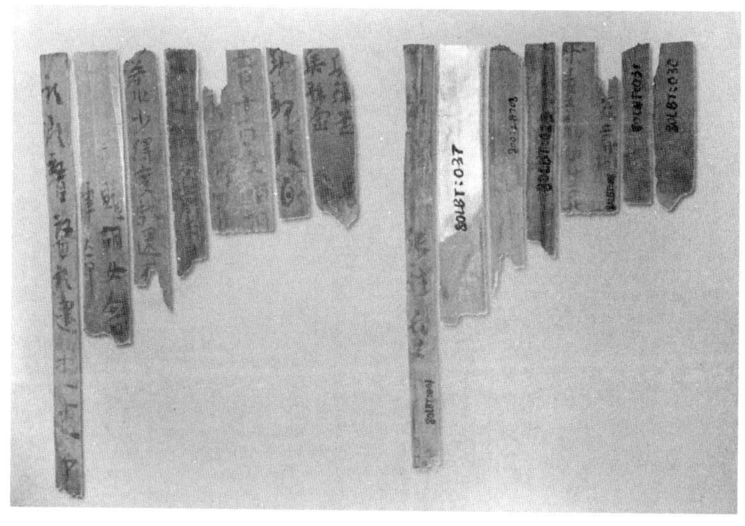

魏晋 汉文木简 1980年新疆楼兰古城出土

至于楼兰国的消亡，至今仍是一个历史之谜，也许是由于自然环境的改变，最终被沙漠淹没；也许是被某种势力征服后，强行迁徙其人民，导致国家消亡。

焉耆 YANQI

焉耆（今焉耆回族自治县东），古西域国名，西北与乌孙相接，是汉通西域必经之地。焉耆原名焉支，或作乌耆、乌缠、阿耆尼。焉耆国气候寒冷、土地肥沃，是一个绿洲农耕生活形态的城郭国家，种有稻、粟、麦，兼营畜牧，盛产良马，也有鱼盐蒲苇之饶。佛教在其国内有着很高的地位和众多的信徒，锡克沁佛寺受当时大夏建筑风格的影响，体现出其文化艺术的特点。焉耆初属匈奴，西汉神爵二年（前60年），属西汉西域都护府，西汉末又属匈奴。东汉永元六年（94年），被班超击破，归属东汉。北魏时，一度

古焉耆国遗址

属北魏，与北周亦有往来。唐初附西突厥，后隶属于唐，为唐羁縻都督府之一，属安西都护府管辖。现属新疆焉耆回族自治县。县城东有博格达沁古城，是汉代焉耆国国都员渠城，也是唐代焉耆都督府治所。城墙下部为汉朝建筑遗迹，上部为唐代重修遗迹，古城占地 6 平方公里。

轮台（今新疆巴音郭楞蒙古自治州轮台县），又称仑头或仑台。位于天山南麓、塔里木盆地北缘，巴音郭楞蒙古自治州西部，是古西域都护府所在地。地处西域中部，为丝绸之路北道要冲。轮台国是汉代西域三十六国中的城邦之一，西汉太初三年（前 102 年）被李广利所灭。汉宣帝本始二年（前 72 年）复国为乌垒国。汉宣帝神爵二年（前 60 年），设西域都护府，治乌垒城（今轮台县策大雅乡东南 30 公里处），统领西域诸国。唐贞观十四年（640 年）设安西都护府后，轮台属龟兹。宋朝为龟兹地。元朝为别失八里地。明朝中叶，改名为布古尔，属焉耆府管辖。清光绪二十八年（1902 年），改置轮台县，隶属焉耆府。1960 年并入巴音郭楞蒙古自治州。

于阗（今新疆和田）是古代西域国名，又作于填、于置、于殿、

面目祥和的于阗国王李圣天供养像

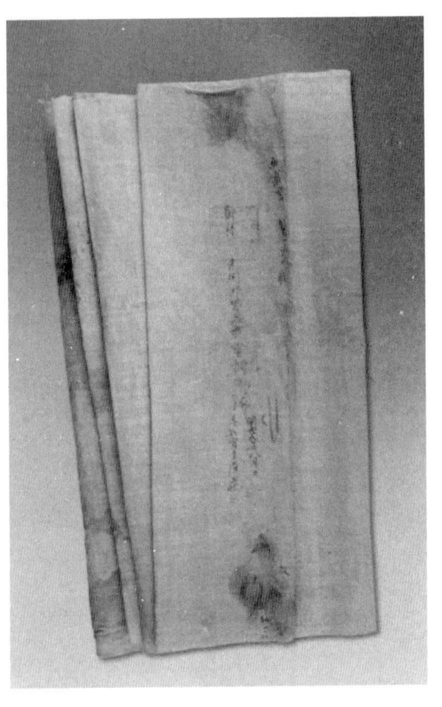

唐 贺思敬庸调麻布 1968 年新疆吐鲁番阿斯塔那 M108 出土，庸调实物出土证明唐代赋税制度在西域得到施行

于寘等。于阗地处塔里木盆地南沿，东通且末、鄯善，西通莎车、疏勒，盛时领地包括今和田、皮山、墨玉、洛浦、策勒、于田、民丰等，都西城（今和田约特干遗址）。于阗是西域南道中最大的绿洲国家，位于天山南麓，当西域南道之要道，西经莎车（叶尔羌）、朅盘陀（塔什库尔干），可通往北印度或睹货罗（古代大夏）。其因位居丝路贸易的重要据点而繁荣一时，且为西方贸易商旅的集散地，也是东西文化交汇的重镇。

公元前 2 世纪，尉迟氏在此建立于阗国，以种植业为主，是西域诸国中最早获得中原养蚕技术的国家，故纺织业发达，特产以玉石最为有名。于阗自 2 世纪末佛教传入后逐渐成为大乘佛教的中心，魏晋至隋唐，于阗国一直是中原佛教的源泉之一。唐高宗显庆三年（658 年），于阗成为唐安西四镇之一，也是丝绸之路南道最重要的军政中心。上元元年（674 年），唐在此设毗沙都督府。于阗画家尉迟乙僧于唐初至长安，绘有许多壁画，与吴道子、阎立本齐名。宋以后仍为于阗国，元、明时犹朝贡。清初属回部，乾隆二十四年（1759 年）纳入清版图，光绪九年（1883 年）置和阗直隶州，民国改县。

精绝国 JINGJUEGUO

精绝国是西汉时期中国西部一个比较小的城邦国家，位于尼雅河畔的一处绿洲之上。精绝国以农业为主，是丝绸之路的必经之地，商贾云集，繁华富庶。东汉后期，精绝国被日益强大的鄯善国兼并。后来，受魏晋王朝节制。3 世纪后，精绝国消失。

莎车 SHACHE

莎车为汉代西域都护府所辖诸国之一，位于今新疆维吾尔自治区塔里木盆地西缘莎车县、叶城县一带，东界塔克拉玛干沙漠，西临帕米尔高原，南傍喀喇昆仑山，是西域诸国中富庶地区之一。经过汉武帝、汉昭帝、汉宣帝等几代的努力，终于清除了匈奴在这里的残余势力，确立了西汉对西域地区的统治。

北魏时称渠莎国。隋唐至宋并入于阗。元称鸦儿看，明称叶尔羌。清置莎车直隶州，后升府，辖蒲犁厅、巴楚州、叶城和皮山，治所在莎车城。清先后建新、旧二城，旧城名叶尔羌，俗称回城；新城名莎车，俗称汉城。两城市街相接，组成双连城。莎车城地处叶尔羌河畔，东沿沙漠南缘达“美玉之乡”于阗，西北经疏勒（今喀什市）通大宛（今费尔干纳盆地），西南经蒲犁（今塔吉克自治县附近）可达天竺（今印度、巴基斯坦一带），是古代东西方陆路交通枢纽，丝绸之路南道要冲。境内河渠纵横，水草充足，宜牧宜农。

且末国（今新疆维吾尔自治区巴音郭楞蒙古自治州南部的且末县）位于塔里木盆地东南缘，昆仑山、阿尔金山北麓，东与若羌县交界，西与和田地区的民丰县毗邻，南屏阿尔金山与西藏接壤，北部伸入塔克拉玛干沙漠，与尉犁县和阿克苏地区的沙雅县相望。早在7000年前，且末的先民就开始在阿尔金山北麓开采玉石，东运中原，西去巴比伦，开辟了一条横贯东西的“玉石之路”。且末是举世闻名的丝绸之路南道重镇。境内分布着众多的历史遗迹，如莫勒切岩画、来勒克遗址、扎滚鲁克古墓群等等。西汉张骞出使西域，第一次将且末情况带回内地。从此，且末与内地的联系不断加强。北魏太平真君三年（442年），因避战乱，鄯善王率4000余户西奔且末。大业五年（609年），隋朝在且末设郡，统肃宁、伏戎二县，并谪天下罪人，配为戍卒，大开屯田。

唐上元三年（676 年），且末改为播仙镇，属陇右道沙州。元世祖至元二十七年（1290 年），称者里辉。元朝从内地迁 1000 余人与元军新附军杂居，在且末屯田。明代称扯力昌。清光绪十年（1884 年），清政府在新疆建省后称卡墙，并再次设稽查所，设且末县治。

乌孙 WUSUN

乌孙是汉代连接东西方草原交通的最重要的民族之一，乌孙人的首领称为“昆莫”或“昆弥”。公元前 2 世纪初叶，乌孙人与月氏人均在今甘肃境内敦煌、祁连间游牧，北临匈奴人。乌孙王难兜靡被月氏人攻杀，他的儿子猎骄靡刚刚诞生，由匈奴冒顿单于收养成人，后来得以复兴故国。公元前 177—前 176 年间，冒顿单于进攻月氏。月氏战败，西迁至伊犁河流域。老上单于与

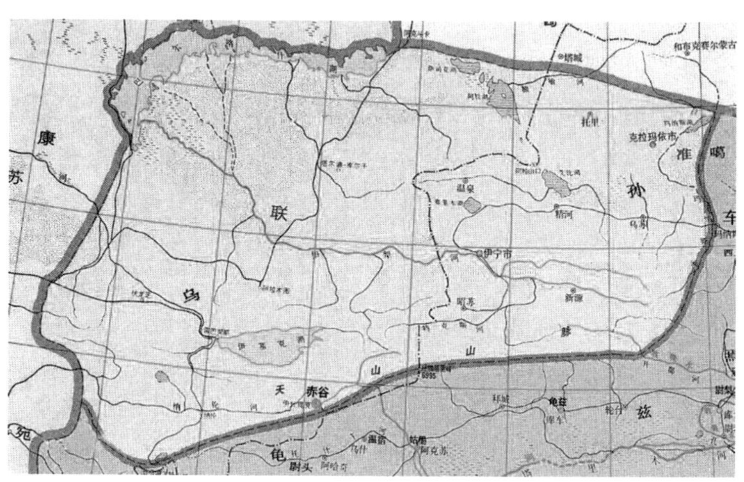

乌孙国版图

乌孙昆莫合力进攻迁往伊犁河流域的月氏，月氏不敌，南迁大夏境内，但也有少数人仍然留居当地。乌孙人便放弃了敦煌、祁连间故土，迁至伊犁河流域游牧。乌孙从此逐渐摆脱了匈奴的控制。

古代乌孙国牧地辽阔，从天山以北直至塔尔巴哈台，东自玛纳斯河，西到巴尔喀什湖及塔拉斯河中游，其政治中心在赤谷城。自西汉神爵二年（前 60 年）起，就统属于汉朝在西域设置的西域都护府，一直是祖国西北边陲重地，历史上扼东西陆路交通要冲夏塔古道、木扎尔特隘口，是祖国内地经伊犁通往中亚、西亚各地以及南疆的交通孔道。乌孙国出产良马，张骞第二次出使西域返程时，乌孙国王猎骄靡曾派遣使者携带礼品马数十匹前往中原，汉武帝赐名“天马”。

汉武帝元封年间（前 110—前 105 年），以宗室刘建之女细君为公主下嫁乌孙王，赠送甚丰。之后汉又遣楚王刘戊之孙女解忧与军须靡成婚。汉宣帝本始二年（前 72 年），因解忧公主与昆弥翁归靡遣使上书，热望汉朝出兵以拒匈奴。汉发兵 15 万骑，由 5 位将军率领分道并出，并遣校尉常惠持节助乌孙作战。乌孙昆弥翁归靡深感汉恩，拟立汉外孙元贵靡（解忧公主的儿子）为嗣，并希望他也能娶一位汉公主为夫人。汉宣帝选定名为少主的一位公主往配元贵靡。5 世纪初，乌孙因柔然汗国入侵，西迁葱岭山中，不久为之所灭。

姑墨 GUMO

姑墨（今新疆阿克苏地区），西域古国之一，又作姑默、亟墨、跋禄迦。位于今叶尔羌河以北、天山腾格里峰以南地区，首都是南城。姑墨是古丝绸之路的重镇之一，当丝绸之路的中道。姑墨国以农业为主，牧业为辅，出铜、铁、雌黄。在汉代先后属西域都护和西域长史，东汉以后归附龟兹。三国时属魏。唐代称跋禄迦，于其地设姑墨州，属龟兹都督府。清代新疆建省后，设阿克苏道。

姑墨遗址

大宛 DAYUAN

中亚古国，位于帕米尔高原的西麓，今中亚的费尔干纳盆地一带，为东西方陆路交通要地，首都是贵山城（一说即卡萨，一说即俱战堤），原始居民以东伊朗语族的塞种人为主。巴克特里亚王国最盛时曾占有该处，在各地修筑了古典希腊式堡垒。汉武帝时，张骞出使，首到大宛。当时大宛有大小属邑 70 余城，人口数十万，农业和畜牧业兴盛，产稻、麦、苜蓿、葡萄等，尤以汗血马最为著称。武帝闻大宛有良马在贰师城（今乌腊提尤别），遣使者持千金及金马去换良马，使臣被杀。武帝遂于太初元年（前 104 年）拜李广利为贰师将军率军讨伐。李广利兵败退回敦煌。武帝再增兵添粮，困大宛都城 40 余天。太初四年（前 101 年），大宛贵族杀大宛王毋寡求和，李广利得良马，立亲汉贵族昧蔡为大宛王而归。不久，大宛贵族又杀昧蔡，立毋寡弟蝉封为王，遣送王子到西汉为人质。此后，大宛服属于西汉。东汉时，大宛一度臣服于莎车。南北朝时大宛为昭武九姓统治，史称破洛那、钹汗、钹汗那等。唐代称其为宁远国或拔汗那。明清时为浩罕汗国。

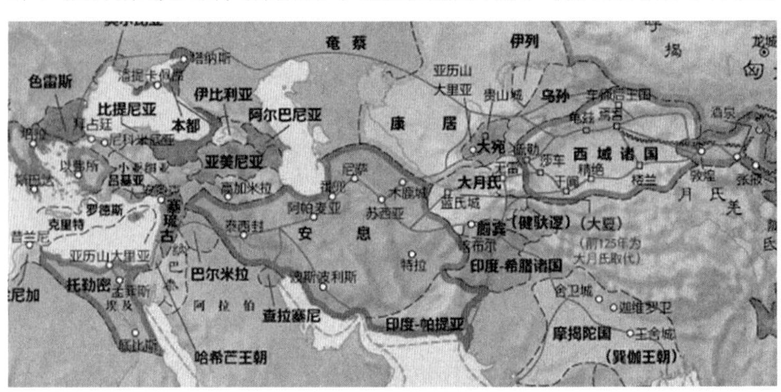

汉武帝时期大宛及附近各国示意图

昭武九姓国 ZHAOWUJIUXINGGUO

南北朝、隋唐时期对中亚锡尔河以南至阿姆河流域粟特人所建立的国家的统称，唐代又称九姓胡。昭武九姓本是月氏人，原住祁连山北昭武城（今甘肃临泽），后被匈奴击走，西迁中亚河中地区。分为多个小国，有康、安、曹、石、米、史、何、火寻、戊地等九姓，其王均以昭武为姓，故称昭武九姓。昭武九姓国在南北朝时隶属嚈哒，隋朝时隶属西突厥，唐平西突厥后，划入康居都护府，归安西都护府管辖。昭武九姓人善商贾，和中国通商很早，唐代在中国的外商，以昭武九姓人最多，其中又以康国人、石国人为主。西安、洛阳出土了许多昭武九姓中曹、石、米、何、康、安诸姓的墓志，他们有的为唐朝立了军功，有的担任过唐朝的军政职务。昭武九姓人由于世代经商，对东西方文化交流起了重要作用。祆教、摩尼教、中亚音乐、舞蹈、历法传入中原，中国丝绸、造纸技术传到西方，石国、康国的胡腾舞、胡旋舞和柘枝舞曾传入长安，狮子、哈巴狗、汗血马等物种也传入东土，昭武九姓无疑是中间重要的媒介。昭武九姓还在中原北方游牧汗国的政治、经济、文化生活中起到很大作用，特别是把粟特文字带入突厥、回鹘汗国，回鹘文、蒙文、满文均可溯源于粟特字母。

唐《牧马图屏风》绢画，1972 年新疆吐鲁番阿斯塔那 M188 出土，墓主人为昭武校尉沙洲子亭镇将张公夫妇

碎叶城
SUIYECHENG

碎叶城位于今吉尔吉斯斯坦托克马克城西南 8 公里处的阿克贝希姆，因其依傍素叶水，又作素叶城、素叶水城。自从汉朝设立西域都护以来，碎叶城就成为我国历代王朝疆域的一个组成部分，是中国历代王朝在西部地区设防最远的一座边陲城市。唐朝时在西域设置安西四镇，碎叶城是其中之一，大诗人李白就出生在这里。碎叶管辖巴尔喀什湖以东、以南广大西域地区，属条支都督府，曾经多次修筑城墙。唐代碎叶城是仿长安城而建，现如今在中亚楚河南岸仍然伫立着唐代碎叶城遗址，经过 1000 多年风吹沙打、雨水冲刷，这座唐代中国城已风化瓦解为一座巨大的土堆。至清朝，由于政府腐败无能，1864 年签署《中俄勘分西北界约记》后，碎叶城被俄国侵占。2014 年碎叶城被列为世界文化遗产。

碎叶城遗址

身毒
SHENDU

身毒是先秦至隋唐时期对印度次大陆上文明区域称呼的音译词，其范围主要指今日印度河流域一带。“身毒”一词在中国古文献中亦作申毒、辛头、信度、身度、天竺、贤豆、印度等，皆同音异译。唐初将印度统称为天竺。汉武帝时张骞出使西域，公元前128年左右到达帕米尔以西的大夏，听说在大夏东南数千里有身毒国，并在大夏看到从身毒国贩运来的筇竹杖和蜀布。张骞认为大夏在汉西南，而身毒在大夏东南，则身毒应距中国蜀郡不远。汉武帝听信此言，从蜀郡四道出使，企图从中国的西南地区经身毒通往大夏，但因当地少数民族的阻拦没有成功。中国在2世纪时对身毒的地理、物产、宗教、政治情况已有初步了解，且知当时身毒许多地区属于月氏，即早期贵霜帝国，这是由于东汉时佛教已传入中国的缘故。

贵霜赫拉狄斯银币 2005年上海博物馆捐赠，新疆维吾尔自治区博物馆藏

康居 KANGJU

古西域国名，约在今巴尔喀什湖和咸海之间，王都为卑阗城（今塔什干或奇姆肯特等地）。汉时，东界乌孙，西达奄蔡，南接大月氏，东南临大宛。北部是游牧区，南部是农业区，城市较多，由五小王分治。康居与大月氏同是突厥语系的游牧民族，从今锡尔河下游至吉尔吉斯平原，是康居疆域的中心地带。公元前 2 世纪时，控弦八九万人。前 1 世纪末，人口已达 60 万，胜兵 12 万，是中亚地区较大的一个政权。汉武帝太初二年（前 103 年）出兵伐大宛时，康居曾有意援助大宛，未逞。汉元帝永光元年（前 43 年），康居王与匈奴郅支单于在康居东部合力对抗乌孙。汉元帝建昭三年（前 36 年），西域都护甘延寿、副校尉陈汤率兵西越帕米尔进击郅支，杀郅支单于于郅支城，稳定了西域形势，但康居对汉仍长期采取敌对态度。至 3 世纪时，康居似游牧于锡尔河中游，其后益弱，势力远不如两汉时代。大约晋朝时期康居神秘消失。

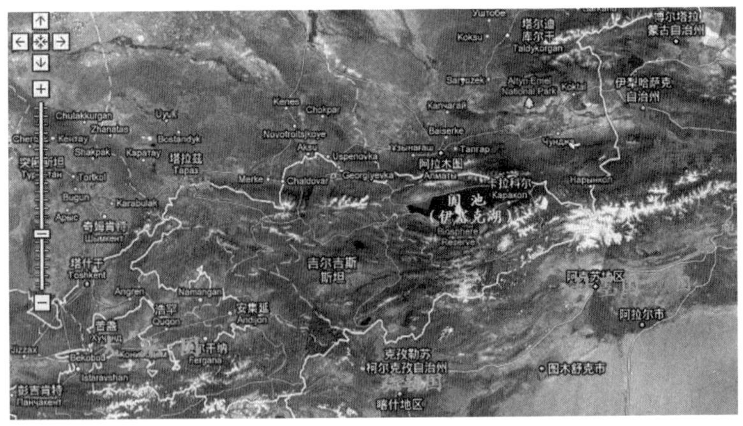

汉代乌孙赤谷城、大宛、康居、郅支城地理位置古今对照图示

撒马尔罕
SAMAERHAN

撒马尔罕古城（今乌兹别克斯坦第二大城，撒马尔罕州首府），建于公元前 5 世纪，6 世纪至 8 世纪、14 世纪至 17 世纪是其辉煌发展的巅峰。撒马尔罕是古丝绸之路的交通枢纽，连

撒马尔罕地标建筑列吉斯坦经学院，属帖木尔帝国时期遗址

接着波斯帝国、印度和中国这三大帝国，是中国通向印度、阿拉伯和欧洲的必经之地，因此四方商贾云集，各种文化互相交融，一派“国际都市”的景象。这里是粟特人的故乡，粟特人是原居住在中国祁连山以北的大月氏人，后西逾葱岭，在此定居。西晋时期，以撒马尔罕为中心的阿姆河和锡尔河流域，出现了 9 个由粟特人建立的城邦国家，西方史书称其为粟特人，中国史书称为昭武九姓国，这一地区被称为康居、康国、飒秣建国等。唐高宗显庆二年（657 年）春，大唐在西突厥故地包括撒马尔罕

地区，设置羁縻州府 127 个，隶属于安西都护府。如今古城遗址旁边还保留着丝绸之路上著名的中华门遗址。撒马尔罕公元前 4 世纪名为马拉坎达，曾为索德侯国的都城。329 年被亚历山大大帝攻占，6—18 世纪先后被土耳其人、阿拉伯人、蒙古人和伊朗人占领。712 年阿拉伯人的占领，带来了伊斯兰文化。1219 年，花剌子模王国在此建立。14 世纪末这里成了帖木尔帝国的首都。现在城内的大多数建筑，是由后来的帖木儿大帝敕令修建的。

大夏国 DAXIAGUO

公元前 176 年以后，西迁塞地的吐火罗人到达锡尔河北岸，并于公元前 141 年左右越过阿姆河进占巴克特里亚，消灭了巴克

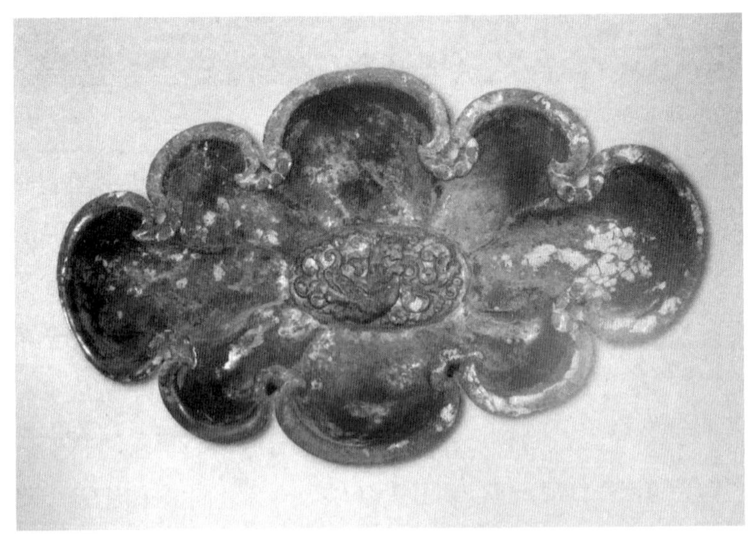

北魏 八曲银洗 1970 年山西大同出土，器物外壁有大夏文铭文，为大夏银器

特里亚王国，建立大夏国。巴克特里亚是公元前3世纪中期古希腊殖民者在中亚草原地区建立的希腊化的奴隶制国家，与中国青藏高原西北部的葱岭（今帕米尔高原）接壤，其首都巴克特拉（今阿富汗斯坦巴尔赫）是丝绸之路中段最为重要的地区之一。张骞出使西域之后，中国史书始称这个地区为“大夏”，“大夏”即巴克特里亚之汉译，因为当时它已被西迁的大月氏人所统治，故别称大夏－希腊王国，或吐火罗斯坦。从中国西北经中亚或从中国西南经印度去西方的商道，都经过大夏国，因此中介商业十分发达。在公元1世纪左右，大月氏人统一了各部落，在这些地方建立了古代历史上非常著名的贵霜王朝。在希腊化国家衰亡后，月氏与希腊的文化融合成新的贵霜艺术。

安息帝国
ANXIDIGUO

汉　安息铅币　甘肃省灵台县康家沟窖藏出土

安息帝国（前247—224年），又名阿萨息斯王朝或帕提亚帝国（今伊朗的呼罗珊地区），是古波斯奴隶制王国。帕提亚人属于白匈奴的一支，汉朝取其开国者 Arsacids 汉语音译“安息”作为国名。全盛时期的安息帝国疆域北达小亚细亚东南的幼发拉底河，东抵阿姆河，东北与康居和大月氏相接。安息帝国坐落在地中海的罗马帝国与中国汉朝之间的贸易路线——丝绸之路上，成为商贸中心，并被认为是当时亚欧四大强国之一，与汉朝、罗马、贵霜并列。公元前 115 年，汉朝遣使节至安息，米特拉达梯二世令 2 万骑迎于东界。87 年，安息王遣使来中国献狮子、苻拔。148 年，王子安清（字世高）来中国传布佛教，译经多种。224 年阿尔达希尔一世杀害了安息帝国最后一位统治者阿尔达班五世，建立了萨珊王朝，安息帝国遂亡。直至 7 世纪被穆斯林征服前，安息帝国的分支阿萨息斯王朝一直统治着伊朗和近东大部分地区。安息帝国是一个由不同文化组成的国家，她在很大程度上吸纳了波斯文化、希腊文化及当地文化的艺术、建筑、宗教信仰及皇室标记。

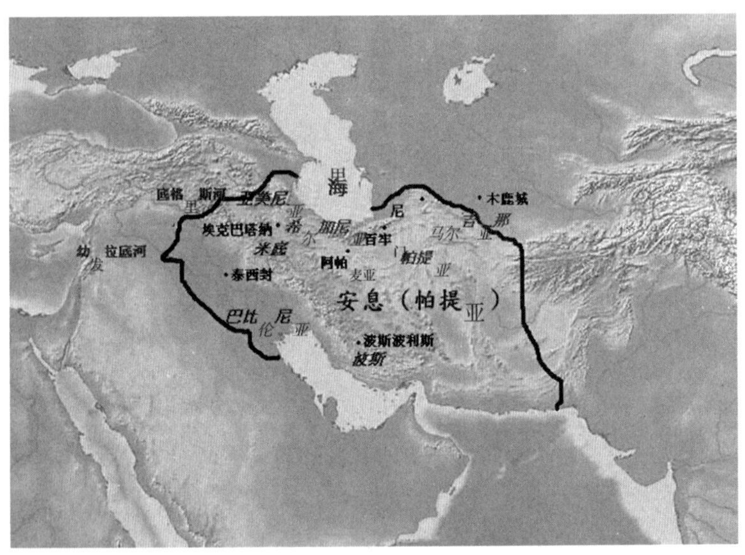

安息帝国示意图

波斯帝国
BOSIDIGUO

波斯帝国是兴起于伊朗高原的古国。波斯人属印欧语系的一支，约公元前 2000 年从中亚一带迁至伊朗高原西南部（法尔斯地

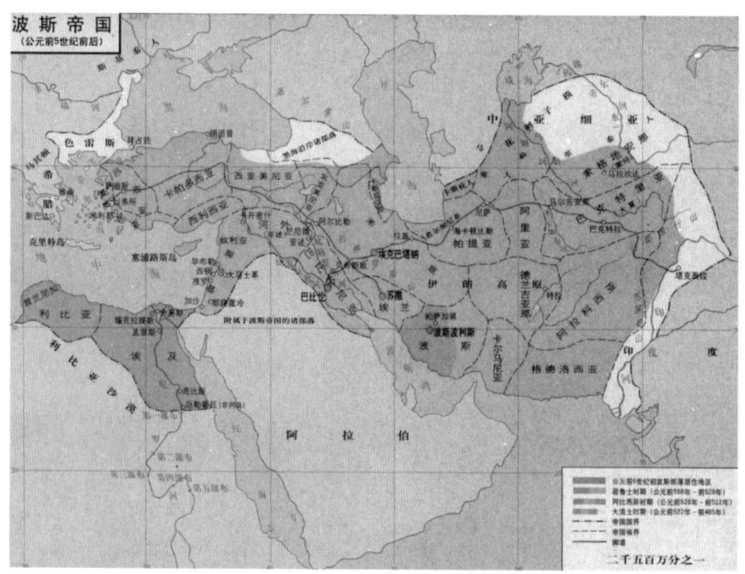

波斯帝国示意图

区），有10个部落（6个农耕，4个畜牧），曾一度处于帕提亚统治之下。公元前550年，居鲁士领导波斯各部落推翻帕提亚王国，建立阿契美尼德王朝，定都苏萨，是为波斯帝国之始。继而向外扩张，征服小亚细亚、两河流域、叙利亚等地，又向东占领大夏（巴克特里亚）、粟特等地，但在和北方游牧部落马萨盖特人作战时居鲁士失败被杀。其子冈比西即位后，于公元前525年率兵征服埃及，因公元前522年发生高墨达政变，返回途中暴卒。大流士一世镇压高墨达政变和各地起义，夺得政权，实行了巩固中央集权的改革。他继续扩张领土，使帝国疆域东起印度河，西至爱琴海及非洲东北部（埃及）。公元前5世纪初（大流士一世在位时），波斯不断西进，导致持续约半个世纪的希波战争，最后以波斯失败告终。波斯的统治激起各地人民的不断反抗，境内经常爆发反波斯统治的起义。公元前4世纪以降，国势转衰（前404—前343年埃及曾获独立）。公元前333年，大流士三世被马其顿亚历山大大帝彻底打败，公元前330年被杀，波斯帝国灭亡。

古代波斯是东方专制政体的典型，帝国存在期间西亚各地奴隶制经济进一步得到发展。波斯文化多受两河流域文化影响，使用楔形文字，造型艺术有较高的成就。产生于伊朗高原的琐罗亚斯德教，在大流士一世时被定为国教，并广泛传播，后传入中国，称为祆教或拜火教。

拜占庭帝国 BAIZHANTINGDIGUO

拜占庭帝国亦称东罗马帝国，是在西罗马帝国崩溃后依然存在的罗马帝国东半部。拜占庭帝国始自 395 年，灭亡于 1453 年，在其上千年的存在期内一般被人简单地称为“罗马帝国”。拜占庭以希腊文化和语言为主，到 7 世纪为止官方语言是拉丁语。

拜占庭之名源于一座靠海的古希腊移民城市。330 年罗马皇帝君士坦丁一世在此建城，作为罗马帝国的陪都，便改名为君士坦丁堡。君士坦丁堡位于连接黑海与爱琴海的战略水道博斯普鲁斯海峡，扼制海陆商业要道，地理位置十分优越。395 年庞大的罗马帝国饱受各路蛮族侵扰，为了便于管辖而将帝国一分为二，东部帝国即以君士坦丁堡为首府，因此东罗马帝国又称为拜占庭帝国。476 年西罗马帝国在遭受匈奴和诸多日耳曼部落的反复侵袭之后衰亡，拜占庭遂成为唯一的罗马帝国。527 年，拜占庭皇帝查士丁尼一世登基，随即向宿敌波斯帝国宣战，波斯军一败再败，于 532 年签下停战协议。随后查士丁尼又出征非洲，534 年达尔旺人投降，达尔旺王国灭亡，从此，拜占庭帝国控制了非洲广大的畜牧地区。查士丁尼很快又和波斯二次开战，连年的征战使拜占庭帝国的版图空前扩大，并且一改以往军队以步兵阵推进为主的战术，建成了装甲骑兵团。571 年，查士丁尼二世上台，波斯军攻破德拉城，拜占庭赔款求和。数十年战乱导致拜占庭、波斯两个帝国军力日益衰弱，中东的阿拉伯人乘机崛起。7 世纪，阿拉伯人对波斯和拜占庭全面开战，波斯帝国在 7 世纪中叶被吞没。673 年左右，阿拉伯对君士坦丁堡发动了大规模的进攻，被拜占庭击败而退。由拜占庭发起的十字军东征，在第 4 次东征时攻占了自己的首都君士坦丁堡，罢黜了拜占庭皇帝，拜占庭的国力彻底被削弱了。1453 年奥斯曼土耳其军队攻陷君士坦丁堡，拜占庭帝国灭亡。基督教教堂改成了清真寺，君士坦丁堡改名为伊斯坦布尔。

拜占庭金币　宁夏固原 1996 年田弘墓出土

白衣大食与黑衣大食

BAIYIDASHIYUHEIYIDASHI

“白衣大食”是指阿拉伯帝国初创阶段的倭马亚王朝，由世居麦加的倭马亚家族的人担当哈里发，把首都迁至大马士革，因遵奉伊斯兰教的逊尼派尚白，故称“白衣大食”。8 世纪中叶，倭马亚王朝已经膨胀为地跨欧亚非的阿拉伯大帝国，它的版图东起印度河流域，西临大西洋，北起黑海和里海南岸，南至尼罗河下游。伊斯兰教已由阿拉伯人自己的宗教发展成为世界性的宗教。750 年，在今天的伊朗一带崛起了一个新的教派——阿拔斯派，他们推翻了倭马亚王朝的统治，“白衣大食”就此灭亡。

阿拔斯派推翻倭马亚王朝——“白衣大食”的统治后，建立了阿拔斯王朝（750—1258 年），定都库法，迁都巴格达。他们崇尚黑色，认为其象征着勇气与顽强，阿拔斯派就是我国古代文献中的“黑衣大食”。阿拔斯王朝鼎盛时期，国际贸易十分活跃，

“黑石号”出土的唐代青釉褐绿彩阿拉伯文瓷碗

中国的丝绸和瓷器、印度的香料、中亚的宝石、东非的象牙和金砂等，都经阿拉伯商人转销世界各地。中国的广州、泉州、扬州等沿海城市，都是阿拉伯商人经常来往的地方；巴格达也有专卖中国货物的市场。阿拉伯商人穿梭各地，客观上起到了传播文化的作用。我国古代“四大发明”中的造纸术、指南针和火药就是在这个时候由阿拉伯商人传到欧洲去的。10 世纪以后，阿拉伯帝国已经由衰败走向四分五裂。1055 年，塞尔柱突厥人攻陷巴格达，解除了哈里发的政治权力，只保留其宗教领袖的地位。1258 年，蒙古西征，阿拔斯王朝湮没在强悍的蒙古铁骑之下。

突厥斯坦古城
TUJUESITANGUCHENG

突厥斯坦古城是“突厥人居住的地方”。其范围东起天山、喀喇昆仑山，西滨里海，南接阿富汗、伊朗东部，北连西西伯利亚。广义的“突厥斯坦”也叫大突厥斯坦或西突厥斯坦，即上述全部范围的地区；狭义的“突厥斯坦”，指哈萨克名称为“突厥斯坦”的城市，是古丝绸之路上的重要城市之一。突厥是中国北部的一个古代民族，5 世纪中叶被柔然征服，徙于金山（今阿尔泰山）南麓，因金山形似“兜鍪”（即战盔），俗称突厥，因以名其部落。6 世纪时鄂尔浑河流域突厥建立奴隶制政权，582 年分裂为东突厥和西突厥，638、659 年东西突厥先后统一于唐。唐帝国一度控制了整个突厥斯坦地域，并施行了羁縻府州制度。680 年，南迁的东突厥北返复国，建立后突厥汗国，745 年亡于回纥。突厥各部乃大多附于回纥，一部南下附唐，另一部西迁中亚。西迁中亚的突厥主要占据今哈萨克斯坦的突厥斯坦古城地区，从此改写了欧洲的历史。现在位于哈萨克斯坦中南部的突厥斯坦城，是哈国伊斯兰教徒最重要的朝圣地。1000 年前，突厥斯坦（旧名为亚瑟城）是当地的政治、经济及宗教中心，现已退化为一座只有 10 万人口的小城，现存的耶塞维陵墓是唯一的繁盛时代遗留下来的历史标本。

突厥斯坦古城

塞琉西亚
SAILIUXIYA

塞琉西亚或称为底格里斯河畔塞琉西亚，是希腊化时代和罗马时代的一座大城市，坐落于美索不达米亚的底格里斯河畔，与俄庇斯对望。公元前 4 世纪初，马其顿亚历山大帝国分裂后，其部将塞琉西建立以叙利亚为中心的塞琉西王国（中国史书称条支），建都安条克，塞琉西亚是其外港。随后塞琉西亚成为丝绸之路上一个重要的贸易中心、希腊化文化中心、地区的行政首府，居民主要由马其顿人、希腊人、叙利亚人和犹太人组成。因塞琉西亚位于幼发拉底河与运河的交江点上，成为陆路和水路的交通要道。塞琉古王朝主要进行转手贸易，从中获取了巨大利益。东方的丝绸、香料，叙利亚、两河流域、希腊等地的精巧手工艺品，都经他们中转而运往他方。商业的发达刺激了手工业的繁荣。吕底亚的萨狄斯城就是华美的地毯的制造中心，其他诸如金属冶炼、酿酒、玻璃制造、纺织印染等行业的产品也享有盛名。117 年，罗马皇帝图拉真在征服美索不达米亚时，塞琉西亚遭到一次焚毁。到 164 年，塞琉西亚遭到罗马将军阿维狄乌斯・卡西乌斯的完全摧毁。后来，塞琉西亚可能因底格里斯河改道而逐渐废弃。

唐　八瓣团花描金蓝琉璃盘　1987 年陕西扶风法门寺塔基地宫出土，从其加工技术和器型花纹分析，产地或为地中海沿岸

大马士革
DAMASHIGE

大马士革是历史上伊斯兰教第四圣城，今天为叙利亚共和国最大城市和首都。几千年来，大马士革一直是东西方强国角逐的

大马士革古城边的萨拉丁雕像

中心。早在公元前10000—前8000年时，大马士革已经有人居住，因此大马士革被称为世界上最古老的持续有人居住的城市。公元前538年，居鲁士大帝的波斯军队攻占大马士革，将它作为波斯帝国叙利亚行省的首府。亚历山大大帝横扫亚洲的远征，使大马士革首次被西方人统治，从此大马士革经历了长达1000年的希腊化时期。2世纪初，大马士革成为罗马帝国最重要的城市之一。

唐　玻璃高足杯　1989年新疆库车森木塞姆石窟出土，从其形制及纹饰分析，应是波斯式产品

大马士革的重要地位在商业交通方面更为显著。它是始于南方阿拉伯半岛、帕尔米拉、佩特拉的商路与始于中国的丝绸之路的汇集点，满足了罗马人对东方奢侈品的需求。阿拉伯帝国倭马亚王朝统治时期，大马士革是首

都，其繁荣程度达到顶峰。这一时期至今犹存的建筑为大马士革清真寺。之后大马士革历经多次兴衰，但始终是丝绸之路贸易的中心和西端的一个终点。人们可以通过大马士革与拜占庭或中国进行丝绸贸易。

耶路撒冷
YELUSALENG

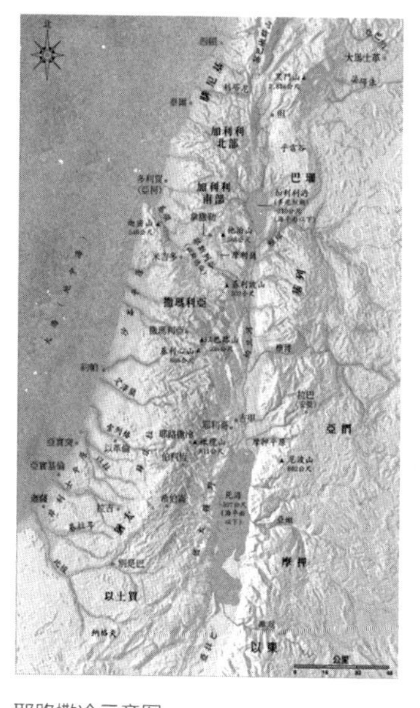

耶路撒冷示意图

耶路撒冷城位于巴勒斯坦中部的犹地亚山，东近死海，西临地中海沿岸平原。耶城由旧城和新城两部分组成。1860 年前，旧城由呈等边四边形的城墙围绕，城内分犹太人、穆斯林、亚美尼亚人和基督教徒 4 个居民区。耶路撒冷是宗教圣地，犹太教、基督教和伊斯兰教以及其他许多较小的宗教团体在这里和平共存。自从公元前 10 世纪所罗门圣殿在耶路撒冷建成，耶路撒冷一直是犹太教信仰的中心和最神圣的城市。基督教尊敬耶路撒冷，是因为耶稣在出生后不久就被带到耶路撒冷，而耶稣被钉十字架也是在这里。2000 年来，其一直是基督教的一个首选的朝圣地点。耶路撒冷也被认为是伊斯兰教的第三圣地。在麦加之前，耶路撒冷就是穆斯林祷告的方向，阿克萨清真寺是第三大圣寺。在 620

年穆罕默德夜行登霄之后，耶路撒冷长期被穆斯林控制。耶路撒冷努力传播自己的文化和宗教影响，其建筑物集东西方建筑艺术之精华，具有跨越几个历史时代的建筑风格，是一座东西方文明交融的城市。

安卡拉 ANKALA

安卡拉位于小亚细亚半岛上安纳托利亚高原的西北部，是土耳其的首都和仅次于伊斯坦布尔的第二大城市，也是政治、经济、文化、交通和贸易中心，同时还是古丝绸之路的终点，素有“土耳其的心脏”之称。安卡拉的历史从青铜器时代的哈梯文明开始，继承了公元前 2000 年的西泰特人、公元前 10 世纪的菲尔吉斯人、利迪亚人和波斯人的文明。公元前 3 世纪盖鲁特人在安卡拉建设了最初的首都。之后，从罗马帝国、拜占庭帝国到奥斯曼帝国统

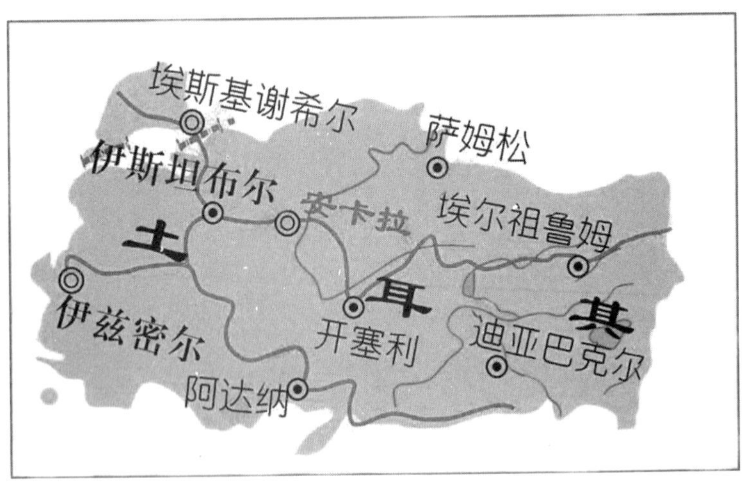

安卡拉示意图

治时期，安卡拉一直都是重要的政治、军事和商业中心。奥斯曼帝国时期，土耳其的首都是伊斯坦布尔，到了19世纪末20世纪初，伊斯坦布尔经常处于欧洲帝国主义列强的炮舰威胁之下，1923年土耳其宣布成立共和国，首都改迁到安卡拉。安卡拉市区名胜古迹很多，如罗马时期的朱里安柱和奥古斯都庙，拜占庭时期的城堡和墓地，塞尔柱时期的阿拉丁清真寺，以及奥斯曼时期的穆罕默德帕夏市场和默罕麦德市场等。

安卡拉

君士坦丁堡
JUNSHITANDINGBAO

君士坦丁堡是古希腊的移民城市，又称拜占庭，公元前660年为希腊人所建。330年，罗马皇帝君士坦丁一世在拜占庭建立新都，命名为君士坦丁堡。12世纪时，君士坦丁堡是全欧洲规模最大且最为繁华的城市。1453年，君士坦丁堡被奥斯曼帝国

君士坦丁堡

攻陷，成为奥斯曼帝国的新首都。西方学者习惯上将基督教治下（330—1453 年）的该城称作君士坦丁堡，而将此后伊斯兰教治下的城市称作伊斯坦布尔。君士坦丁堡不仅是陆路丝绸之路和海上丝绸之路的西方终点，也是世界上唯一跨欧亚两大陆的城市，在东西方文明的交融中起到了重要的作用。它兼收并蓄欧、亚、非三洲各民族思想、文化、艺术之精粹，从而成为东西方思想文化的一个重要交汇点。君士坦丁堡亦以其宏伟建筑而闻名，著名的建筑包括圣索菲亚大教堂、君士坦丁堡大皇宫、君士坦丁堡竞技场和黄金城门，大道与广场在其间星罗棋布。

罗马，意大利首都，世界著名的历史文化名城，位于意大利半岛中西部台伯河下游平原的七座小山丘上，古城居北，新城在南。

公元前 8—前 4 世纪筑城堡，逐步形成早期罗马城。公元前 753 年建立城市，至今已有 2700 多年的历史，被誉为“永恒之城”。756—1870 年为教皇国的首都，1870 年意大利王国统一后成为意大利首都（教皇国退至梵蒂冈）。占城区面积 40% 的罗马古城酷似一座巨型的露天历史博物馆。在罗马古城遗址上，矗立着帝国元老院、凯旋门、纪功柱、万神殿和大竞技场等世界闻名的古迹，这里还有文艺复兴时期的许多精美建筑和艺术精品。罗马是世界文化的发源地之一，堪称世界文化之都。罗马也是全世界天主教会的中心，有 700 多座教堂与修道院，市内的梵蒂冈是天主教教皇和教廷的驻地。罗马与佛罗伦萨同为意大利文艺复兴中心，现今仍保存有相当丰富的文艺复兴与巴洛克风貌。

罗马是古罗马帝国的发祥地。罗马帝国（前 27—395 年），中国史书称为大秦、拂菻，是古罗马文明的一个阶段。从公元前 55—前 20 年，罗马和安息为了中国的丝绸而战争不断。安东尼王

罗马大竞技场

朝皇帝图拉真（98—117 年）在位时，罗马帝国经济空前繁荣，版图达到最大：西起西班牙、不列颠，东到幼发拉底河上游，南至非洲北部，北达莱茵河与多瑙河一带。地中海成为帝国的内海，全盛时期控制了大约 590 万平方公里的土地，是世界古代史上最大的君主制国家之一。395 年，罗马帝国一分为二，实行永久分治。西罗马帝国于 476 年灭亡，东罗马帝国于 1453 年灭亡。公元前 138—前 119 年，汉武帝两次派张骞出使西域，并通过丝绸之路间接同罗马展开贸易。东汉班超派甘英出使大秦，但仅到达波斯湾一带便无功而返。166 年安东尼王朝派出使臣到达东汉首都洛阳，并送上犀角等礼物。西汉用丝织品、茶叶、瓷器来换取安息、希腊、罗马、大食和马其顿的宝石、香料、药材和玻璃器具。“条条大道通罗马”之说，形象地表明了罗马处于地中海地区的中央交通地位，以及陆路丝绸之路与海上丝绸之路的终极目的地的价值，是中国与罗马这两个大帝国驱动了丝绸之路上的东西方大交流。

威尼斯 WEINISI

威尼斯是一座有着 1400 多年历史的古城，地处意大利东北部，是亚得里亚海威尼斯湾西北岸重要港口，由 118 个小岛组成，并以 177 条水道、401 座桥梁连成一体，以舟相通，有“水上都市”“百岛城”“桥城”“水城”之称。威尼斯是世界闻名的水乡，也是意大利的历史文化名城。威尼斯早先是东罗马帝国的一个附属国，于 8 世纪获得自治权，10 世纪开始发展，由于控制了贸易路线而变得非常富裕。13 世纪蒙古人横扫亚欧大陆，并建立了包括东亚、西亚和东欧的大帝国，从而为威尼斯与中国各地的交通、贸易和文化交流提供了空前的便利条件。1275 年，著名的威尼斯旅行家马可·波罗同父亲和叔父一起，经陆上丝绸之路到达中国，在中国生活和工作了 17 年，于 1292 年在福建泉州上船，经海上丝绸之路回到了威尼斯。归国后其口述的《马可·波罗游记》，促进了西方对中国的了解。威尼斯在 1298—1382 年击败了热那亚共和国，成为地中海和黑海地区的强国，威尼斯城也成为欧洲最大的国际商埠。14—15 世纪威尼斯进入全盛时期，成为意大利最强大和最富有的海上“共和国”、地中海贸易中心之一。随着 15 世纪奥斯曼帝国崛起和 16 世纪初哥伦布发现美洲大陆、新航路开通，欧洲商业中心逐渐转移到大西洋沿岸，威尼斯则逐渐衰落。1797 年被拿破仑灭亡，成为奥地利帝国的一部分。1866 年并入意大利王国。威尼斯对丝绸之路的贡献主要是中介贸易，将东方的胡椒、肉桂、丁香、蔗糖、宝石、丝织品等运往西欧各地高价出售。海

嵌红宝石带盖金罐　1997 年新疆伊犁昭苏县波马古墓出土

上贸易又促进了造船业和航海业的发展，也促使威尼斯成为意大利文艺复兴的中心之一。

威尼斯

大流士一世
DALIUSHIYISHI

大流士一世（前 558—前 486 年），古波斯帝国第三代国王，出身于波斯人阿契美尼德家族支系。大流士不仅是波斯帝国的伟大君主，也是世界历史上的著名政治家之一。他在继位之后不到一年的时间里，先后发动了 18 次大战役，铲除了八大割据势力的首领，偌大的波斯帝国重归一统。后人尊称其为“铁血大帝”。他为巩固中央集权，曾积极推行政治、经济、军事改革：在征服区普遍设置行省，实行新的税收制度，统一货币和计量单位；自任军队最高统帅，将全国划分为若干军区，军区下辖若干行省，各省驻军不受省总督领导，由军区的军事长官统一指挥；军队编成万人不死军、千人团、百人团、十人队 4 级，以波斯人为核心组成步兵和骑兵，以腓尼基水手为骨干组建了一支拥有600~1000艘舰船的舰队；为便于调遣各行省军队和传递情报，大力修筑驿道网；此外，还派人勘察从印度洋到埃及的航路，开掘尼罗河支流至红海的运河。大流士一世的改革使波斯日渐强盛，并对外积极扩张。

公元前518年，他派兵远征印度，征服印度西北地区，将其置为波斯的第20个行省。公元前513年率军西征，占领色雷斯，尔后北渡多瑙河口侵入西徐亚境内，遭西徐亚人顽强抗击后被迫撤军。公元前492年派兵远征希腊，途中大部分舰船毁于台风，被迫折返。公元前490年再次远征希腊，在马拉松之战中被雅典军击败。公元前486年10月，埃及爆发反波斯起义。大流士一世还没来得及把起义镇压下去就于11月去世了。他在35年的执政期间，以军事征服和铁腕统治为手段，建立了一个横跨亚非欧三洲的波斯大帝国。大流士一世是一个文治武功都很出色的帝王，是影响了世界历史进程的统帅。

大流士一世

裴矩 PEIJU

裴矩（547—627年），字弘大，河东闻喜（今山西闻喜东北）人。隋及唐初政治家、外交家、战略家，也是地理、民族问题专家。

隋炀帝时任尚书左丞、吏部侍郎、黄门侍郎、右光禄大夫等职。裴矩一生最重要的活动是为炀帝经营西域。大业元年（605年）至九年（613年）间，他至少4次来往于甘州、凉州（今甘肃武威）、沙州（今甘肃敦煌），大力招徕胡商。裴矩尽力搜集西域各国山川险易、君长姓氏、风土物产等资料，绘画各国王公庶人服饰仪形，撰成《西域图记》3卷，献于炀帝。炀帝即将经营西域事宜悉以委任给他。矩引高昌王麴伯雅、伊吾吐屯设等入朝，并积极策划打击西域贸易的竞争者——吐谷浑。大业五年（609年），炀帝亲征吐谷浑，拓地数千里。稍后，炀帝又派薛世雄进军伊吾，于汉旧城东筑新伊吾。裴矩同往经略，巩固了隋与高昌的联系。大业十四年（618年），宇文化及弑隋炀帝，任裴矩为尚书右仆射。宇文化及败，裴矩转事窦建德。建德败，裴矩降唐，官至民部尚书。裴矩80岁精明不减，历事诸主，均受礼遇，以熟悉故事，常受咨询。所撰《西域图记》记载了44国情况，同时概略地叙述了通往“西洋”的主要贸易路线。《西域图记》附有详图。可惜原书已佚，现仅存书序，记述了自敦煌至西海（今地中海）的3条主要路线，是关于中西交通的重要史料。此外，他还著有《开业平陈记》12卷、《邺都故事》、《高丽风俗》，与虞世南共撰《大唐书仪》，均已亡佚。

善无畏
SHANWUWEI

善无畏

善无畏（637—735 年），唐代高僧，中印度摩揭陀国人，释迦牟尼季父甘露饭王的后裔。他 13 岁继承乌荼国王位，兄弟们不服，起兵相争，他于平乱之后让位于兄，决意出家。出家后，向达摩掬多学习密法。依从师教东行弘法，经过北印迦湿弥罗等国，到了素叶城（今碎叶），通过天山北路，到达西州（今新疆吐鲁番东南）。唐睿宗特派西僧若那和将军史宪远出玉门迎接。他于开元四年（716 年）抵达长安，时年 80 岁，被尊为国师，奉诏住兴福寺南塔院，后移居西明寺、大福先寺、圣善寺等。作为唐代密宗胎藏界的传入者，与金刚智、不空合称“开元三大士”，并列为其首。善无畏三藏是中国首位系统翻译密教经典者，共翻译 28 部 53 卷。为弘扬密教，阐释教理，传授仪轨，他在东、西两京设置道场，开坛授法。开元十年（722 年）善无畏上表奏请返回印度，但唐玄宗“优诏慰留”。开元二十三年（735 年）在洛阳大圣善寺圆寂，终年 99 岁，葬于龙门西山广化寺。自唐武宗废佛后，密宗在中国随之衰微，只有善无畏所传的“胎藏部密法”，由不空传惠果，再传日本空海，和金刚智所传的“金刚部密法”相并传习，直到今日仍流行于日本。

金刚智 JINGANGZHI

金刚智（671—741年），南印度摩赖耶国人。10岁出家，精通显、密教典，专修密法，应南天竺国王之请，到中国传法，是中国密宗的创始人之一，与善无畏、不空并称为“开元三大士”。译有《七俱胝佛母准提大明陀罗尼经》《金刚顶瑜伽中略出念诵经》等。金刚智听说中国佛教盛行，因此发愿到中国弘扬密教，携带《大般若经》和其他各种佛典，以及印度的七宝器具和许多名贵香料珍品，从海路经锡兰、苏门答腊等20余国，历时3年，在开元七年（719年）到达广州。随后，金刚智在广州建立密宗灌顶道场，开始弘扬密教。次年初，金刚智来到洛阳、长安，面谒玄宗，成为大唐国师，得以积极从事密教经典的翻译，并传授密法。他先后在长安慈恩寺、荐福寺、资圣寺等处建立坛场，译有《金刚顶经》《瑜伽念诵法要》《观自在瑜伽法要》等8部11卷。开元二十九年（741年），金刚智奏请返回印度，经玄宗准许后，便动身返乡，到了洛阳广福寺，却因病而圆寂，终年71岁，葬于龙门。其传法弟子有不空、一行、慧超、义福、圆照等人。金刚智经由海路，善无畏经由陆路，分别携带了“金刚部”和“胎藏部”二经的灌顶传授密法来到中国，因此，同为开中国两部密法的始祖，并奠定了中国密宗的基础。

不空 BUKONG

不空（705—774年），全称不空金刚，唐代西域人。幼随舅父到内地，10岁游武威、太原，15岁遇金刚智。开元十二年（724年）在洛阳广福寺受比丘戒，此后学习汉、梵

不空

经论，并随金刚智译经。他与善无畏、金刚智并称“开元三大士”，是中国密宗祖师之一。金刚智圆寂后，不空奉金刚智遗命，仍想前往天竺。这时他又奉朝廷的命令，赍送国书往狮子国（斯里兰卡）。他先到广州率弟子经诃陵国（在今爪哇中部），到狮子国。狮子国王因不空是大唐来使，殊礼接待，把他安置在佛牙寺。不空前后 3 年求密藏和各种经论，于天宝五载（746 年）返回长安，携回梵本经 100 部，计 1200 卷，以及狮子国王尸罗迷伽的国书、大般若经夹和方物。乾元元年（758 年），不空上表请搜访梵文经夹加以修补，并翻译传授，得敕许将京都长安的慈恩、荐福等寺，洛阳的圣善、长寿等寺，以及玄奘、义净、善无畏、流支、宝胜等所带来的梵夹，集中起来交给不空陆续翻译奏闻。其所译显密教典共 110 部、143 卷，这是唐代在长安兴善寺进行的一次大规模的梵夹集中。会昌五年（845）唐武宗灭法，大兴善寺被毁，大批的梵夹也就损失了。大历九年（774 年）不空圆寂，终年 70 岁，唐代宗敕赠“司空”，更加“大辩正”的谥号。建中二年（781 年），德宗敕准不空弟子慧朗在大兴善寺为他立碑。不空弟子数以万计，著名的有含光、惠超（新罗人）、惠果、惠朗、元皎和觉超，号称“六哲”。惠果后传法于日僧空海，空海归国后创真言宗，后世称为“东密”。

罗马皇帝君士坦丁
LUOMAHUANGDIJUNSHITANDING

罗马皇帝君士坦丁雕像

君士坦丁大帝(272—337年),又称君士坦丁一世。他是罗马第一位信仰基督教的皇帝,被称为西方的“千古一帝”。君士坦丁出生于今塞尔维亚的尼什。他来自世家大族,但据说是他父亲君士坦提乌斯和旅店女仆的私生子。305年,君士坦提乌斯成为西部帝国的皇帝。306年,父王死,君士坦丁继位为西部帝国的皇帝。323年,君士坦丁击败了罗马东部帝国的政权,结束了东西分裂的格局,统一了罗马帝国。随后,他实行了一系列改革措施:废除“四帝共治”,划分全国为四大统领辖区,进行行省、军政改革;迁都君士坦丁堡;颁布《米兰敕令》,承认基督教合法地位。这些措施为欧洲从奴隶社会向封建社会过渡起到了重要作用。330年,君士坦丁大帝将罗马帝国的首都从罗马迁到拜占庭,将该地改名为君士坦丁堡。君士坦丁堡一直是中世纪最难攻克的堡垒,在此后1000年内成为拜占庭帝国的首都。君士坦丁堡的稳固正是拜占庭帝国(东罗马帝国)历经千年而不倒的一大关键。因此,君士坦丁大帝也被视为拜占庭帝国的创立者。

匈奴单于阿提拉
XIONGNUCHANYUATILA

阿提拉（406—453 年），匈奴人最伟大的领袖和皇帝，史学家称之为“上帝之鞭”。他曾率领军队两次入侵巴尔干半岛，包围君士坦丁堡；远征至高卢（今法国）的奥尔良地区，攻陷西罗马帝国，使西罗马帝国名存实亡。从 448 年至 450 年，匈奴帝国在阿提拉的带领下，版图到了盛极的地步：东起咸海，西至大西洋海岸，南起多瑙河，北至波罗的海。在这广大区域内的附属国，平时向阿提拉称臣纳贡，战时出兵参战。

东汉时期匈奴屡被汉朝打败，其中一个分支即北匈奴开始西迁。有人认为他们就是于 350 年左右进入欧洲的匈人。418 年，年仅 12 岁的阿提拉被作为议和条约中的人质之一送到罗马宫廷。阿提拉在宫廷接受了良好的教育。434 年匈人首领鲁嘉死后，他的两个侄子阿提拉和布莱达继承统治。440 年，阿提拉率领匈人横渡多瑙河，把伊利里亚地区（今巴尔干半岛西部地区）和色雷斯地区彻底摧毁。约 445 年，阿提拉杀害了布莱达，成为唯一统治匈人的君主。阿提拉多次率领军队攻打罗马，并与埃提乌斯在现今法国的夏隆—香槟泉市爆发了著名的夏隆之战。后来，阿提拉在自己的婚礼上因饮酒过量，血管破裂而死。阿提拉死后，他的匈奴帝国迅速瓦解消失，使他在欧洲历史中更富传奇性。在西欧，他被视为残暴及掠夺的象征，但同时亦有历史记载形容他是一个伟大的皇帝。北匈奴的西迁，对东西文化的交流亦有一定的积极作用。

波斯王子卑路斯

BOSIWANGZIBEILUSI

卑路斯是波斯王子，其父为波斯萨珊王朝末代君主，死于651年。阿拉伯人入侵波斯时，卑路斯的父亲亚兹得格尔德三世于公元638、639年以及647、648年分别向当时统治中国的唐朝要求提供军事援助，但都被唐太宗拒绝。亚兹得格尔德三世于651年被杀害于中亚阿姆河附近的木鹿城的一座磨房内。卑路斯沿着丝绸之路一路东逃到吐火罗（今阿富汗和巴基斯坦北部）驻留，于654年遣使向唐朝求援，唐高宗一如唐太宗以路途太远为由，拒绝出兵。卑路斯在吐火罗部落武装的帮助下，一度打到呼罗珊，但又被阿拉伯人打了回来。661年，卑路斯再次遣使向唐朝求援，唐高宗派特使王名远赴西域，成立波斯都督府，设于今日阿富汗的扎兰季，立卑路斯为都督，662年唐又册封卑路斯为波斯王。后在阿拉伯军队的威逼下，卑路斯又沿着丝绸之路东逃，于675年初抵达长安。唐高宗授予他右威卫将军，卑路斯请在长安立波斯胡寺，以做波斯人集会之所，置于长安醴泉坊。677年，卑路斯在长安去世。卑路斯去世后其子泥涅师承袭“波斯王”称号，并被封为左威卫将军。其最终也病死在长安，始终未能复国。

匈奴

XIONGNU

匈奴人的先祖是夏王朝遗民，与华夏民族同属黄帝子孙。夏桀的后裔淳维（又名獯鬻、熏育）在殷商时逃到北边，西迁过程中融合了月氏、楼兰、乌孙、呼揭及其附近26国的白种人，子孙繁衍成了匈奴。匈奴祖居欧亚大陆的西伯利亚地区，约公元前3世纪时兴起，最初在蒙古高原建立国家，控制着从里海到长城的广大地域，包括今蒙古国、俄罗斯的西伯利亚、中亚北部、中国东北等地区。匈奴人重视商品交换，常与汉人互市交易，并将汉人物品通过丝绸之路转卖到西域各国，包括罗马帝国。匈奴国的全盛时期从公元前209年至前128年（共81年），相当于中国从秦二世元年到汉武帝元朔元年。从汉武帝元光六年（前129年）开始，匈奴受到汉朝军队的连续攻击，最后退出漠南地区。汉元帝竟宁元年（前33年），匈奴单于呼韩邪归顺汉朝，并向汉求亲，王昭君出塞嫁给匈奴后，匈奴人重新回到漠南，双方依汉元帝永光元年（前43年）的约定以长城为界。东汉时匈奴分裂为南北二部，南匈奴进入中原内附，北匈奴从漠北西迁到乌孙国与锡尔河流域的康居国。汉化的南匈奴一直居住在河套一带，三国时期曹操把匈奴分成五部，即左、右、南、北、中，分别安置在陕西、山西、河北一带。十六国时期，内迁中原的南匈奴建立前赵、北凉和夏等国家。

匈奴衰落后，中国北方的鲜卑族强大起来，占据匈奴故地，五六十万匈奴人遂“皆自号鲜卑”。匈奴与鲜卑不断融合通婚，后世称为铁弗人。铁弗人刘勃勃被鲜卑拓跋氏击败后投奔羌人建立后秦，后自认为是末代的匈奴王，改姓赫连，在今陕北及宁夏地区创立夏国，史称大夏。425年赫连勃勃死，其子赫连昌继位。428年北魏俘虏赫连昌，其弟赫连定在平凉自称夏皇帝。431年北魏又俘获了赫连定，夏国就此灭亡。大夏国的国都统万城是游牧民族匈奴在东亚留下的唯一的遗迹。其后匈奴渐渐被汉化，匈奴作为一个民族在中国北方消失了，但其姓氏及文化习俗仍部分保留了下来。

塞种人
SAIZHONGREN

塞种人，古代中亚民族。希腊、罗马人称之为塞克（Saka），波斯人称之为释迦、烁迦，印度人称之为释种，中国称之为塞人，属欧罗巴人种印度地中海类型。塞种人原居锡尔河以北，距今3000多年前，活动在中帕米尔（葱岭）、天山及新疆北部大部分地区。他们随畜逐水草，兼冶炼和加工铁器。在公元前3世纪末建立国家，“塞王”是他们的最高统治者。公元前2世纪中叶，西汉打败大月氏，大月氏西迁，又打败了塞王，迫使塞种人向南

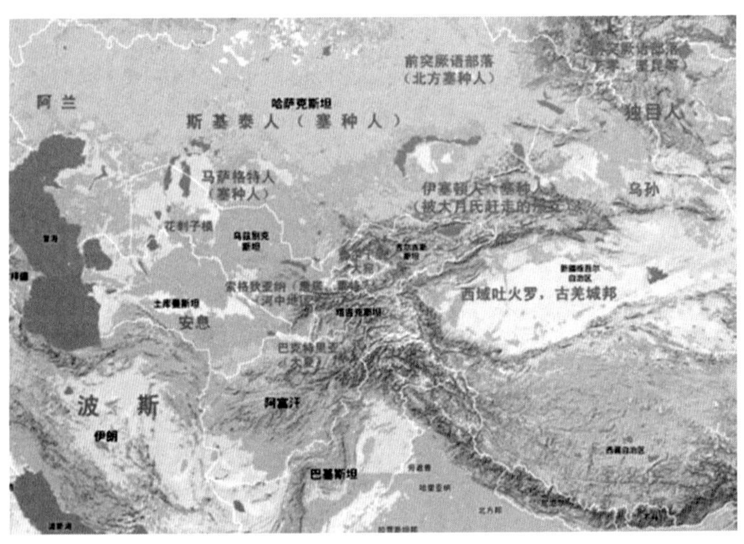

塞种人分布示意图

移动，占领了大夏和帕坦。公元前123—前88年，安息人复兴，又把塞种人推向塞伊斯坦。公元前56年，他们穿过南阿富汗和俾路支，向印度河下游移动，并逐渐入侵印度内地，在西北印度建立了若干小王国。塞种人统治延续了100多年，大约在纪元初

衰落，印度现在沿用的传统历法（塞历）就起源于此时。塞种人被认为是现今哈萨克族等操突厥语民族的祖先之一。新疆的古塞种人部落在 8 世纪前后被来自蒙古高原的回鹘部落以及其他突厥人所征服，逐步成为维吾尔族等民族中重要的组成部分，今天只有新疆塔什库尔干的塔吉克族是古塞种人的唯一后裔。

吐谷浑 TUYUHUN

吐谷浑（285—663 年），亦称吐浑，中国古代西北民族及其所建国名。本为辽东鲜卑慕容部的一支，藏族人称之为阿柴，西晋至唐朝时期位于祁连山脉和黄河上游谷地。吐谷浑王国以鲜卑、羌为主要民族。西晋末，首领吐谷浑率部西迁到枹罕（今甘肃临夏），以后逐渐发展，统治了今青海、甘南和四川西北地区

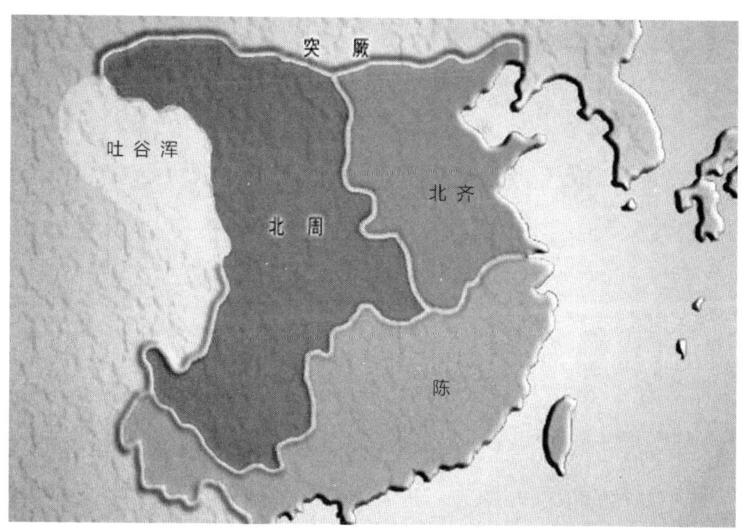

吐谷浑示意图

的羌、氐部落，建立了国家。至其孙叶延，始以祖名为族名、国号。南朝称之为河南国，邻族称之为阿柴虏或野虏。唐初被唐朝征服，贞观十四年（640 年）唐朝以弘化公主妻之，加封青海王。唐朝中期，被吐蕃驱赶至河东地区，唐后期称之为退浑、吐浑。五代时期开始受辽国统治。现已与各民族融合，今青海土族即吐谷浑的后裔。吐谷浑因地处中西陆路交通要道——丝绸之路中的青海道（又称吐谷浑道），一度在中西交通史上占有重要的位置。吐谷浑王城——伏俟城（今青海省海南藏族自治州共和县石乃亥乡以北、菜济河南，东距青海湖约 7.5 公里）在中西交通线上发挥了重要枢纽的作用。伏俟城建于 1400 年前，又称铁卜加古城，至今仍然保存得相当完整。城略呈方形，这种城内有城、城外有郭及以中轴线为基础的建筑布局，反映了汉式城郭制度的基本特点，又颇具民族风格，体现了吐谷浑文化的多元性。

突厥是历史上活跃于蒙古高原和中亚地区的一个民族，也是中国西北与北方草原地区继匈奴、鲜卑、柔然以后又一个重要的游牧民族。5 世纪中期突厥归附于柔然，为其炼铁奴，徙于金山（今阿尔泰山）南麓，因金山形似“兜鍪”（即战盔），俗称突厥，因以名其部落。550 年，突厥破铁勒部落，将所有铁勒后裔作为突厥之人，突厥人的体貌特征也从白种人变成黄白混种。552 年，突厥建立汗国，“可汗”为其最高首领。次年灭柔然，再次年统一铁勒以及整个漠北地区，并逐渐统一了大兴安岭到咸海之间的土地。582 年突厥分裂为东突厥和西突厥。583 年东西突厥以阿

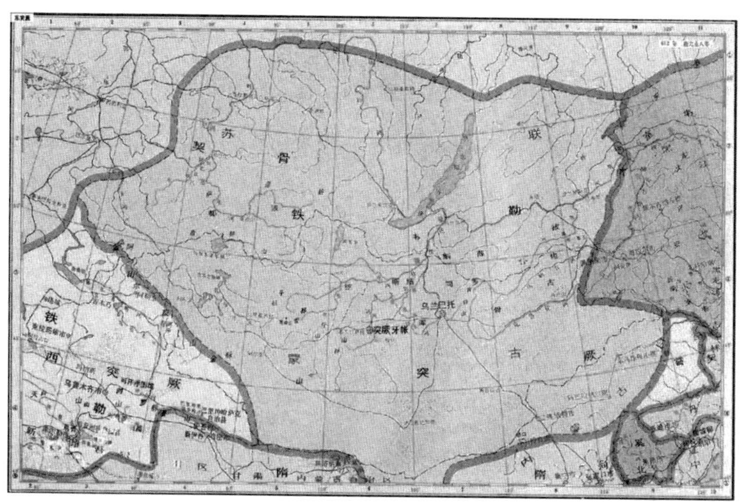

东突厥示意图

尔泰山为界分立。唐朝前期，东西突厥均被唐朝所灭。高宗末年，突厥复国，史称后突厥。745 年后突厥被回纥所灭。后突厥所属诸部大多归附于回纥汗国，还有少量突厥南下附唐。唐朝灭西突厥以后，西突厥所属的突骑施、乌古斯、葛逻禄、钦察、卡拉吉、

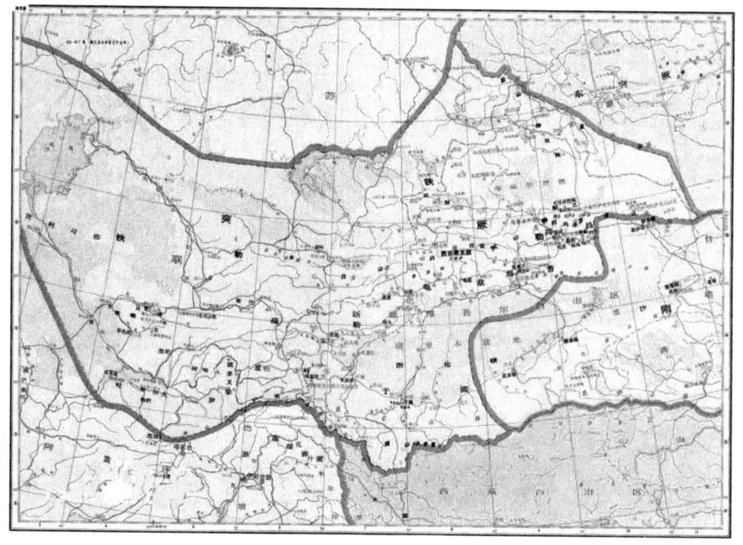

西突厥示意图

样磨、处月等部落活跃于中亚与西域地区。突骑施在防止阿拉伯帝国在中亚的扩张方面发挥了重大作用；葛逻禄则在唐末以后的中亚历史中扮演重要角色，喀喇汗王朝就是葛逻禄联合西迁的回鹘部落建立的。现代所说的突厥也可以指突厥语民族，突厥语民族是今中亚和西亚的主要族系之一。今天，“突厥”已经不再是一个民族，而是语言属于突厥语族的各个民族的统称。突厥语族大多是受突厥人统治过的民族以及突厥化的其他民族，包括部分古代突厥人的后裔，主要有土库曼人、乌兹别克人、哈萨克人、维吾尔人、吉尔吉斯人、鞑靼人、雅库特人、阿塞拜疆人等。其范围西到西亚，东到中国的新疆，人口不到 2 亿。

回纥，又称回鹘，其词来自古回纥文，回纥之名来源于部落韦纥、乌护。回纥是铁勒诸部的一支，韦纥居住在图拉河北，乌护居住在天山一带。突厥汗国强盛时，回纥部落臣服于突厥。唐贞观二十年（646 年），回纥配合唐军攻灭了薛延陀政权，首领吐迷度自称可汗，接受唐朝的管辖，唐在其地分置六府、七州。743 年在唐朝的帮助下，回纥统一了铁勒诸部，回纥逐渐成为铁勒诸部的统称。天宝三载（744 年），回纥汗国建立。回纥的全盛时期为 8—9 世纪，以蒙古鄂尔浑河河畔为核心，势力进入天山和中亚地区。

788年，回纥改名回鹘。848年，黠戛斯（今柯尔克孜族之先人）灭回鹘汗国。其后漠北地区回鹘部落分为四部：一支南下，侵扰唐朝边疆被灭，融入华北汉人；一支迁到河西走廊；一支迁到西州（今新疆吐鲁番），又向西发展，以高昌（位于今新疆吐鲁番东）为中心，建立了高昌回鹘政权，后来改称畏兀儿，也就是今天的维吾尔族；而最为强大的一支西迁至七河流域，和当地天山的回鹘以及葛逻禄等铁勒部落建立了威震中亚的喀喇汗王朝。回纥汗国从建立到灭亡，历时近 200 年。755 年，唐朝“安史之乱”爆发，回纥先后于 756 年、757 年、762 年三次派大军助唐平叛，收复长安、洛阳、河北等地，对唐有社稷再造之功。作为回报，唐政府除大加赏赐外，还规定以唐绢买回纥马，开始了双方长期进行的绢马贸易。回纥还和唐军共同抵御吐蕃对西域的进攻，重开被吐蕃切断的丝绸之路。唐朝曾有 6 位公主和亲回纥。双方这种长期友好合作的特殊关系，使得回纥成为唐代中外文化交流的重要媒介之一。

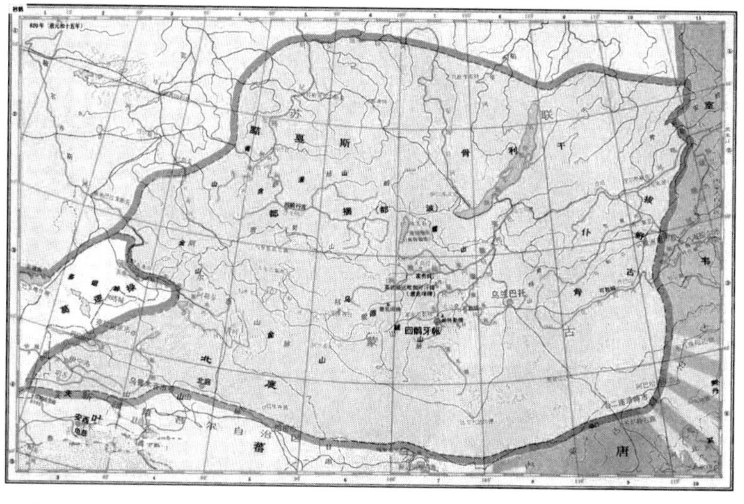

回鹘示意图

粟特
SUTE

唐代粟特人武官像

粟特，别名粟弋、索格狄亚那，西域古国之一，亦为民族名。粟特人属于伊朗人种，操印欧系东伊兰语，创立了源自阿拉美字母系统的拼音文字，即粟特文。粟特位于阿姆河、锡尔河之间，以泽拉夫尚河、卡什卡河流域为中心的地区（今中亚塔吉克斯坦与乌兹别克斯坦境内），定都马拉坎达（今撒马尔罕），隋唐所谓的昭武九姓就聚居在这一地区。粟特先民原居祁连山下昭武城（今甘肃张掖），后为匈奴人所破，西迁至此地，并建立了康、安、米、白等一系列小国，史称昭武九姓。现在的撒马尔罕、布哈拉、塔什干就是粟特人的主要聚居地和当时众多小国的遗址城邦。粟特人居于丝绸之路的核心，却没能发展成统一的帝国。其先后臣属于波斯的阿契美尼德王朝、希腊的亚历山大帝国、塞琉古王朝、康居国、大月氏、贵霜帝国、嚈哒国，直至被阿拉伯帝国伊斯兰化，今天的乌兹别克斯坦仍有粟特部落的后人。环境、战争使得粟特成为一个善于应变的商业民族，并在中古时代控制了陆上丝绸之路，把西方的金银、香料、药材、牲畜、器皿、首饰运到中国，又把中国的丝绸运到西方，在整个欧亚大陆扮演着传播多元文化和多种宗教的角色。粟特人，还有中途被他们吸收的吐火罗人、西域人、突厥人，沿丝绸之路及周边的于阗、楼兰、高昌、敦煌、武威、长安、洛阳等大小城市形成一个个移民聚落，从行商变为坐商，开始了安居乐业的定居生活，形成了一个从长安到撒马尔罕之间的巨大贸易网络。汉唐时大批粟特人移居中国，融入中华民族。发动安史之乱的安禄山、史思明就有粟特人的血统。

月氏 YUEZHI

月氏（前 3—1 世纪），是匈奴崛起以前居于河西走廊、祁连山的游牧部族，属于古代原始印欧人种，亦称“月支”“禺知”。由于月氏处于丝绸之路的要冲，丝绸之路开通后逐渐富强起来。公元前 2 世纪被匈奴所败，月氏一分为二：一支南迁至今中国甘肃张掖、青海湟水一带，与羌族混合，被称为小月氏；另一支西迁至伊犁河、楚河一带，被称为大月氏；这是月氏西迁的第一阶段。大月氏在伊犁河流域停留了 10 多年，当时仍在中国疆域范围之内。他们逐走了作为原住民的塞种人，迫使塞种人分散，一部分南迁罽宾，一部分西侵巴克特里亚的希腊人王朝，建立了大夏国。公元前 174—前 161 年间，匈奴协助乌孙击败了大月氏。大月氏再度西迁，又打败了塞种人建立的大夏，占领阿姆河（今乌兹别克斯坦、塔吉克斯坦与阿富汗之间的界河）两岸，成立大月氏王国。这是大月氏西迁的第二阶段，从此离开中国，立国于中亚。公元前139年，张骞第一次奉汉武帝命，出使大月氏相约夹击匈奴，虽未果，但是开辟了丝绸之路。1世纪上半叶，大月氏的贵霜翕侯创立贵霜帝国，魏明帝太和四年（230年）封其王为大月氏王，直到5世纪才亡于嚈哒。中国历史上盛行的佛教，最初就是在东汉时由大月氏贵霜帝国传入的。所以大月氏在中国历史上意义重大，匈奴发迹、张骞通西域、佛教东传，都与大月氏有密切关系。

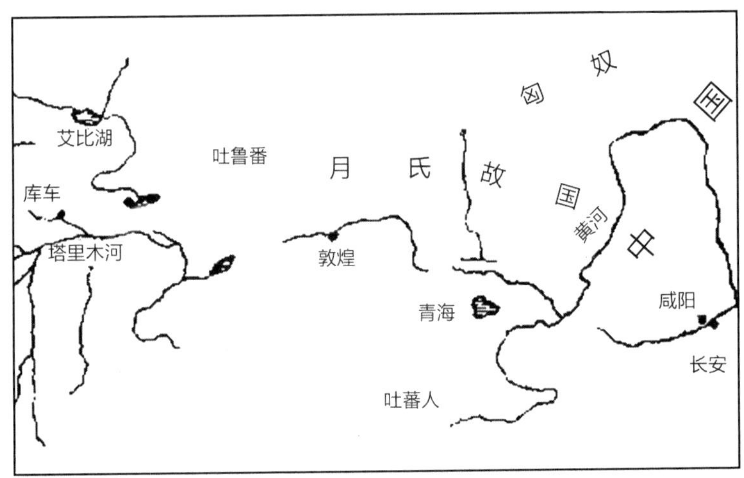

月氏示意图

阿拉伯 ALABO

阿拉伯，指阿拉伯民族和阿拉伯帝国。阿拉伯民族起源于闪米特种族，是闪族最年轻的一支游牧民族，亲缘上与希伯来人相近，融有波斯、突厥等民族血统。闪族发源于阿拉伯半岛，有巴比伦人、阿摩利人、迦南人、阿拉马人、阿卡德人、迦勒底人、亚述人、希伯来人和阿拉伯人。阿拉伯帝国（632—1258年）是阿拉伯半岛上的阿拉伯人创建的一系列伊斯兰教封建军事帝国。唐代称之为大食国，而西欧则称作萨拉森帝国。帝国存在了600多年，主要有神权共和时期的倭马亚王朝、阿拔斯王朝两个世袭王朝。帝国最强盛的时候，疆域东起印度河和中国边境，西至大西洋沿岸，北达里海，南接阿拉伯海，是继阿契美尼德王朝、亚历山大帝国、罗马帝国、拜占庭帝国和萨珊王朝之后又一个地跨亚、欧、非三洲的大帝国。661年，倭马亚王朝成立，阿拉伯社会进入鼎盛时代，阿拉伯语成为官方语言。750年阿拔斯的后裔阿布·阿拔斯联合什叶派穆斯林，推翻了倭马亚王朝，建立了阿拔斯王朝。阿拔斯王朝（750—1258年）旗帜多为黑色，中国史称“黑衣大食”。早在阿拔斯王朝创建之初，倭马亚家族的后裔就在欧洲伊比利亚半岛建立了后倭马亚王朝（756—1236年），由于服色尚白，中国史书称其为“白衣大食”。黑白大食相互敌对。10世纪以后，帝国四分五裂，统治区域仅限于巴格达及其周围地区。1260年，蒙古帝国攻占首府大马士革，阿拉伯帝国灭亡。

唐高宗永徽二年（651年），阿拉伯遣使节抵达长安与唐朝通好，此后大食使节访唐达37次之多。757年，阿拉伯还派遣数千士兵助唐平定安史之乱，这些士兵大多就此留在中原，成为现代中国回族的先人之一。丝绸之路不仅使伊斯兰教传入了中国，而且阿拉伯帝国先进的数学、天文历法与航海、地理知识也开始被中国人了解。

民族名，意为“永恒之火”，别称“马背民族”，唐时叫“蒙兀室韦”或“蒙瓦”，《辽史》称为“萌古”。7世纪前，蒙古族先民居住在额尔古纳河一带，9世纪中期西

成吉思汗像

迁到鄂嫩河上游不儿罕山（即肯特山）和克鲁伦河一带，以游猎为生。到12世纪，蒙古族已经散布在今鄂嫩河、克鲁伦河、土拉河等三河的上游和肯特山以东一带，并分衍出乞颜、札答兰、泰赤乌等部落。此外，在蒙古草原和贝加尔湖周围的森林地带，还有塔塔尔、翁吉剌、蔑儿乞、斡亦剌、克烈、乃蛮、汪古诸部。11世纪，曾结成了以塔塔尔为首的联盟，“塔塔尔”或“鞑靼”一度成为蒙古草原各部的通称。唐朝时鞑靼首次纳入中国版图。宋、辽、金时代，漠北的蒙古部被称为黑鞑靼，漠南的蒙古部被称为白鞑靼。1206年铁木真统一蒙古诸部，建立大蒙古国，号称成吉思汗，“蒙古”遂成为民族共同体的名称。从1219年到1260年，成吉思汗率军三次西征，灭了花剌子模国，版图扩大到中亚地区和南俄，成为一个横跨欧亚非大陆的帝国。蒙古帝国的疆域最大时东到太平洋，北抵北冰洋，西达黑海沿岸（曾到达过匈牙利），南至南海。1259年蒙哥汗在位时期，面积约2400万平方公里。1271年，忽必烈建立元朝，定都大都（今北京），1279年元朝灭南宋统一中国。1368年元朝灭亡，残余力量退居蒙古草原。蒙古的统一，摧毁了以往丝绸之路上大量的关卡和腐朽的统治，令丝绸之路的通行比以往各个朝代都要方便。

羌人
QIANGREN

羌人曾是古代东方一个很大的民族，形成于青藏高原，又被称为“姜”“羌”“氐羌”“羌戎”“西羌”等。早先以畜牧业为主，故以羊为图腾。其最初分布于中国西部地区，后向东进入中原地区，成为黄河流域几个著名的部落集团之一。商代羌之疆域为今甘肃省大部和陕西西部、山西南部及河南西北一带，是商王朝“四邦方”之一。著名族群有“北羌”“马羌”等。东汉时期曾多次镇压羌人起义，迫其内迁。迁居金城（兰州）、陇西、汉阳（天水）等郡者称为西羌；东迁安定、北地、西河、上郡、三辅一带者为东羌。魏晋时期的河西羌人部分西迁，出祁连融入吐蕃，部分北入大漠，融于匈奴等族。唐时的丝绸之路经济文化交流达到全盛时期，河西羌人也得以发展壮大。宋初，留居河西走廊的羌人与迁居陕北、宁夏的党项羌联合，共同创建了西夏王朝，后为蒙古军队所灭。羌人多融合为华夏汉族，或演变为中国的许多少数民族，唯有岷江上游地区的羌人（羌族）生息发展至今。

丝织技术的西传
SIZHIJISHUDEXICHUAN

中国的丝织品在公元前后通过丝绸之路大规模输往西域、南亚、欧洲诸国，在罗马丝绸与黄金等价，导致了中国养蚕与丝织技术的西传。约 220 年或 1 世纪初，葱岭以东的于阗（今和田）

《蚕种西传》木板画局部——东国公主

国王为取得中国养蚕的技术，特意向东国（于阗以东的鄯善国，今新疆若羌）求婚，得到应允后，便派密使转告东国公主，要她在下嫁时将蚕种带出国境，好在于阗养蚕产丝，制作丝绸。当时东国禁止蚕种出境，关卡检查极其严密。东国公主下嫁时将蚕种、桑种藏在帽絮里，把蚕桑的种子带到于阗。1世纪，于阗开始栽桑养蚕，初步形成了自己的丝织业。至此，中国的丝织技术终于走出国门。英国考古学家斯坦因于1900年在于阗国故地的丹丹乌里克寺院遗址发现了3世纪雕画这一古老传说的版画，印证了这一记载。

中国蚕桑丝织技术传入西域后，再继续向西向南传播，传入波斯、印度和东罗马帝国。至迟在5世纪中叶，波斯掌握了养蚕丝织技术。这对占据欧洲的东罗马帝国是个莫大的刺激，他们决计要摆脱波斯对中国丝绢进口的操纵。于是在 571 年，罗马联合突厥可汗攻伐波斯，战争长达 20 年之久，这就是著名的“丝绢之战”。

关于丝织技术西传另有一种说法，因“丝绢之战”罗马和波斯断绝了关系，境内丝绸价格飞涨，罗马君王查士丁尼曾利用一名到过东方的传教士，将蚕种和桑籽藏在竹杖之中，历时一年赶回罗马，结果孵育失败。于是又招募了一名在中国或者西域某小国住了很久的印度僧人，重赏之下，印度僧人终于如期将蚕桑种子和养殖技术带回了罗马。13 世纪后，养蚕业从罗马逐渐传播到欧洲各国。东罗马帝国的蚕桑丝织业起先集中在叙利亚一带，后来叙利亚落入撒拉逊人手中，蚕桑丝织业的中心转移到希腊中部地区。阿拉伯民族将其从西亚带到北非，到达阿拉伯人占领的西班牙。1146 年，斯加里亚（今意大利的西西里岛）国王让俘虏来的掌握蚕桑丝织技术的拜占庭工匠在斯加里亚开始生产丝绸。此后蚕桑丝绸技术又从斯加里亚传播到意大利各地。此外，西方传教士据徐光启撰写的《农政全书》中有关栽桑、养蚕、纺织方法的记载，向欧洲介绍中国的养蚕技术和丝绸业。他们绘制了大量织机图，是迄今为止最为详细的织机图谱，目前保存在巴黎国立图书

纺织技术西传（丝绸神像木板画，手持织机的筬和梭。荣新江教授等以此为和阗本地神祇）

馆里。17、18 世纪，中国丝绸大量进入欧洲，许多欧洲商人因经销中国丝绸而获利丰厚，设立工厂专门生产丝绸。法国人使中国染织技术迅速传入欧洲，“支那术”“中国青”颜料，可使织物在灯光下有绚丽色彩。中国刺绣令欧洲人迷狂，欧洲诸国极力效仿，其中意大利的丝织技术最高。中国丝绸从产品到技术都影响着整个欧洲。

陶瓷技术的西传

TAOCIJISHUDEXICHUAN

中国的英文名字 China 就来源于瓷器。约公元前 16 世纪的商代中期，中国就出现了原始的瓷器，大约在东汉时期瓷器制造技术相对比较成熟。我国瓷器发明以后，约在 7 世纪的唐代就开始大量向外输出，出口到当时的朝鲜、日本、菲律宾、泰国、印度、伊朗、伊拉克、埃及和东非等地。14 世纪以后，中国瓷器已远销到世界各地。我国古代瓷器外销的途径有陆路和水路两种，水路又分为东南亚和西亚、东非两路。宋代的汝窑、官窑、哥窑、钧窑和定窑并称为宋代五大名窑。江西景德镇被称为“瓷都”。宋元时期，瓷器是中国通过海上丝绸之路出口最大宗的货物。随着瓷器的外销，我国的陶瓷烧造技术也随之外传。比如朝鲜于 918 年设窑，开始烧造瓷器；日本在奈良时代（8—9 世纪）引进了我国的烧窑技术，烧出了质量很高的“奈良三彩”釉陶；埃及人大约在法特米王朝（969—1171 年）时期，开始仿造中国瓷器并取得成功。15 世纪，阿拉伯人又把制瓷方法传到意大利，但此时西方的制瓷技艺并不成熟。明清两朝，中国出口西方的瓷器，至少有 1.5

亿件以上。为了打探中国瓷器制作的秘密，一批批传教士、旅行家来到中国。真正系统而全面地将中国制瓷技术传入欧洲的，是法国传教士昂特雷克莱，中文名殷弘绪。殷弘绪分别于 1712 年、1722 年给奥日神父写了两封信，具体地描写了中国瓷器生产过程等一系列流程。自此，欧洲制瓷业进入了一片新的天地。此信被哲学家狄德罗编入《百科全书》的陶瓷条目中。

南宋 龙泉窑青釉刻花卉纹碗 “南海一号”出水

漆器的西传
QIQIDEXICHUAN

漆器，把漆涂在各种器物的表面所制成的日常器具及工艺品、美术品等。漆器是中华民族的一项发明创造，历史久远。生漆是从漆树割取的天然液汁，用作涂料，有耐潮、耐高温、耐腐蚀等特殊功能，又可以配制出不同漆色，光彩照人。最早输出漆器是在汉代，西汉张骞开通丝绸之路后，大量的漆器随铁器、丝绸等源源不断地输往亚洲各地。隋唐时代，中国向日本大量输出漆器，也把漆器制造技术传到日本。欧洲人尤其是法国人，大量购进工艺品，也掌握了这种新技术。西方传教士曾对中国的漆和漆器作过考察，他们对漆和漆器的产地、漆树的生长、漆的采集和制造设备，以及漆器的制作工序等，都向欧洲作了详细介绍。18 世纪以后欧洲才出现独立的漆器制造业。

琉璃东传
LIULIDONGCHUAN

琉璃，也有流离、瑠璃、琉琳、颇黎、玻璃之称。琉璃出现在公元前 5000 年，是生活在两河流域的苏美尔人发明的。公元前 2000 年，地中海东岸的腓尼基人将琉璃制作技术进一步发展，并传给了埃及。埃及人则将琉璃的制作技术更进一步发展。公元前 1580—前 1314 年的埃及第十八王朝时，能制造出各种透明和半透明的玻璃器皿和蜻蜓眼琉璃珠，这项技术很快又被腓尼基人和波斯人所掌握。大约在 4 世纪，罗马人开始把玻璃应用在门窗上。到 1291 年，意大利的玻璃制造技术已经非常发达。1688 年，一个叫纳夫的人发明了制作大块玻璃的工艺，从此，玻璃成了普通的物品。

西周时期，我国就出现了琉璃制品。公元前 1000 年，西方玻璃珠传入我国的新疆拜城，公元前 400 年前后传入中国内地，最远传到了长江流域。战国时期，我国已经有琉璃制作工艺。西方的玻璃是由钠钙元素组成的，色泽鲜艳，透明度高，耐冷热；而中国的琉璃所含的元素是铅和钡，烧制温度较低，质地较差，容易碎。汉代张骞开辟丝绸之路后，大量的玻璃制品输入中国，随之制造“钠钙玻璃”的技术也传入中国。到唐代，已形成了一条从阿拉伯半岛南部到印度东南部、马来半岛、柬埔寨，再到中国南部沿海地区的埃及玻璃运输线。宋代中国出现了纯熟的琉璃制作工艺。清朝末年，外国人在中国建造高楼大厦，玻璃遂被大量地引进到中国。

唐 盘口琉璃瓶 1987 年陕西扶风法门寺塔基地宫出土

火药的西传
HUOYAODEXICHUAN

火药西传始于元朝蒙古士兵西征之时。唐末火药开始用于军事。北宋时东京设立专门制造火药的机构。南宋初年，军事学家陈规发明了一种管形火器——火枪。金朝的火器制造业比较发达。1234年蒙古灭金之后，将在开封等地虏获的工匠和火器全部掠走，还把金军中的火药工匠和火器手编入蒙古军队。1241年，蒙古大军与波兰、日尔曼的3万联军在东欧华尔斯塔德大平原上展开了激战。蒙古大军在会战中使用了火器，波兰火药史学家盖斯·勒偷偷描绘了蒙古士兵使用的火器样式，火炮开始西传。北宋时中国火药由辽传入伊朗，被称为“中国盐”。南宋理宗时（1230年左右），阿拉伯人从伊朗引进火硝或硝石合成的火药，称为“中国雪”，作为发射药用于管状兵器，并对火炮进行了改造。14世纪后欧洲人又从阿拉伯人那里获知火药的知识，并学会了制造火器的方法，火药才正式传入欧洲。

造纸术的西传
ZAOZHISHUDEXICHUAN

中国是世界上最早发明纸的国家。西汉时期发明了最早的絮纸，之后造出麻质纤维纸。105年，蔡伦改进造纸术，用树皮、麻头、破布和旧鱼网造出了低价纸，人称“蔡侯纸”。其弟子孔丹进一步改良，造出了宣纸。魏晋时期，出现了各种颜色的纸。唐宋之际，出现了暗纹纸。宋以后，有了壁纸、剪纸。东汉蔡伦改进的造纸术传遍了全国，唐时随着丝路西传。怛罗斯之战，大唐帝国战败，俘虏里许多造纸工匠被安置在阿巴斯王朝的首都库费（今巴格达南）。数年后，撒马尔罕（今乌兹别克斯坦塔什干）就出现了西域第一个造纸作坊，继而巴格达也出现了造纸作坊和纸张经销商，逐渐扩展到大马士革、开罗和西班牙。造纸技术由被俘的中国工匠传到了西方，后经阿拉伯传到欧洲，将黑暗的欧洲带入一个文明时代。中国造纸术在 8—12 世纪传入波斯、埃及，元代时传入欧洲，16 世纪传到北美洲乃至全世界。

印刷术的西传
YINSHUASHUDEXICHUAN

我国在 7 世纪发明雕版印刷术后，就逐渐向国外传播，首先是朝鲜、日本和东南亚诸国，之后又通过伊朗、埃及，在 14 世纪末传到欧洲，历时 800 年之久。13—14 世纪时，回纥人的印刷工业相当发达，其印刷术源于中国宋朝和元朝。成吉思汗 1221 年攻占波斯时，也把汉、蒙等民族的文化带到了波斯。由于阿拉伯世界对印刷不感兴趣，因而延迟了印刷术迅速向西方传播的过程。1096—1270 年，欧洲发动了 8 次十字军东征，十字军把中国的印刷品如纸牌、版画陆续带到欧洲。13 世纪中叶到 14 世纪中叶，随着蒙古人统治俄罗斯，印刷术也传到了俄罗斯。元朝初年，蒙古军队中许多懂得雕版印刷的工人把版画、符咒、纸牌、纸币一类的印刷品传入了欧洲。14 世纪末，德国的纽伦堡已能够印出宗教版画，意大利威尼斯也成了一个印刷圣像的中心，那些到过中国的欧洲人学会并传播了印刷术。造纸术和印刷术的西传，对17、18 世纪欧洲产业革命的发生和科学技术的兴起都起了很大的作用。

朝贡贸易
CHAOGONGMAOYI

清《万国来朝图》（局部）

朝贡贸易，也叫贡赐贸易，就是中国古代政府与海外诸国官方的进贡和回赐贸易，或指藩国在朝贡过程中，由于官方参与或授权下组织的对入贡国的商品贸易，它以获利为目的。前来中国的外国使节称为“贡使”，外国使节来华的任务，就是前往京城朝见皇帝，递交和接受两国外交文件，并把一些珍贵的本国土特产贡献给皇帝。中国皇帝根据所进贡的物品价值回赠相当物品，这就是所谓的朝贡贸易。其体制自公元前 3 世纪开始，19 世纪末期废除，主要存在于东亚、东南亚和中亚地区。它是以中华帝国为主要核心的等级制网状政治秩序体系，是“羁縻”政策在国际关系领域的延伸。它产生于先秦，成熟于隋唐，鼎盛于明清，自晚清逐渐衰落，是中央王朝对少数民族或者周边诸国实行的一种笼络政策，目的是造就万邦来朝、八方来仪的盛世。

互市贸易 HUSHIMAOYI

历史上中央王朝与外国或异族之间贸易的通称，亦称通商或通市。汉初曾同南越和匈奴通商。汉武帝时，张骞通西域，开始了与西域各国的贸易。汉朝还在边境关口设关市，作为与少数民族互市的市场。“互市”之称，始于东汉与乌桓、鲜卑、匈奴等族的贸易。魏晋以后，又称“交市”。隋代在西北边境设交市监，掌互市事。唐朝将外贸纳入正轨，在边境定点设置若干互市官员，使中外商人在其监控下进行互市，禁止其他方式的贸易，违者处罚。唐贞观六年(632年)改称互市监。沿边设互市场，以马市为主。后设市舶使，掌管南海贸易。中唐以后，东南海运大盛，海上贸易超过陆上，广州、交州、扬州、泉州成为重要商港，至五代，设博易务。当时互市皆处于政府严格控制下，贸易物品多有限制。明代在海上仅准贡船互市。清代与西北地区各少数民族及俄国、边外各族的贸易，由理藩院和当地将军、大臣及各旗扎萨克管理稽查。内地商人领有理藩院票或当地该管衙门的执照，即可前往贸易。对外贸易方面，初有海禁，康熙二十三年（1684年）开放海禁后，始于广州、漳州、宁波、云台山设关，以管理与西洋的通商贸易。乾隆二十三年（1758年），关闭三关，仅留广州一关互市。

绢马贸易 JUANMAMAOYI

汉唐以来，中国与西域诸国、北方草原民族以丝绸交易马羊畜产的实物交换贸易，分为贡赐和互市两种主要形式。贡赐指西域和草原民族以朝贡的形式向中国输出马匹，中国则计价付酬。互市是在边境定点设市，在其监控下进行以物易物的贸易，具有提前约定、限时、限量的规定。8 世纪中叶，1 匹马易绢 40 匹，换马需要很多的绢，以致于唐朝国库空虚。唐以后又有绢马贸易存在，游牧民族把交易来的丝绸再用于丝路贸易，获取了巨大的利润。

茶马互市
CHAMAHUSHI

茶马互市起源于唐、宋时期，是中国内地与周边少数民族之间一种传统的以茶易马或以马换茶的贸易。茶马互市是西北边疆地区商业贸易的主要形式，是朝廷在西部游牧民族中尚不具备征税条件的地区实行的一种财政措施。茶马互市雏形大约起源于 5 世纪的南北朝时期。唐朝时形成了一定的规则，宋朝时进一步完善，甚至设置了“检举茶监司”这样的专门管理茶马交易的机构。明洪武四年（1371 年），户部确定以陕西、四川茶叶交易番马，于是在各产茶地设置茶课司，定有课额；又特设茶马司于秦州（今甘肃天水）、洮州（今甘肃临潭）、河州（今甘肃临夏）、雅州（今四川雅安）等地，专门管理茶马贸易事宜。明代的茶马政策有着明显的政治目的。清代继续沿用明代的茶马政策，一直到清代中期才渐渐废止。

香药的东传
XIANGYAODEDONGCHUAN

香药是香料药物的简称，也称“舶药”，是古丝绸之路上重要的商品之一。香药是古西域（阿拉伯人、波斯人等）用以治病疗伤、养生的具有芳香气味的一类药用植物和烹饪调料。从西域传入的香药，有印度的胡椒和姜安，索马里的没药、芦荟、苏合香、安息香，阿拉伯的乳香，东非的紫檀，还有丁香、沉香、西香、檀香等等。这些异国之香是西汉张骞出使西域及佛教传入中国之后，由熏衣除臭逐渐入药的。汉唐时期，大宗的西方香药贸易地一个设在丝路南道的于阗（今和田），一个设在丝路北道的高昌（今吐鲁番），香药从这两地再运到长安、洛阳。香药贸易兴于盛唐五代时期，宋代海外香药香料进入中国的已达 37 种之多。传统香药即是将天然的香料通过制作、蒸馏、煮、炒、炙、炮、焙、飞等物理方法进行加工，制成保留所需功效而且实用的材料，或分离出精油、浸膏等。主要香药有：沉香、黄熟香、笺香、旃檀、紫檀、黄檀、降真、苏合香、龙脑、安息、甘松、白芷、附子、乳香、枫香、芸香、茅香、零陵香、马蹄香、麝香等。宋代在社会上广用香料、香药薰衣、焚香，或者疗疾。礼尚往来亦常以香药作为馈赠佳品，饮用香药配制的药茶甚至一度成为社会生活中的时尚。753 年鉴真东渡日本，不仅从中国带去了佛教、中医，也带去了很多的中药及沉香、檀香等香药。时至今日，香药已进入医疗、香料食品、护肤品等领域，尤其在养生、护肤方面，香药有其独到的功效。

东西物种的交流
DONGXIWUZHONGDEJIAOLIU

丝绸之路开辟以后，其间来往的官员、商旅、僧侣等人络绎不绝，物种的交流与贸易在亚欧非以及美洲之间迅速发展，丰富了人们的食物和物种，促进了新文明的产生。从中国向西输出的物种有：茶叶、生姜、大黄、肉桂、土茯苓、檀香、白芷、麝香、桐油以及其他豪华制品等，其中，中国的茶树、柑橘、樱桃经海上丝路输入到了美洲。经过海上和陆路丝路传入中国的物种有：葡萄、苜蓿、良马、胡麻、胡桃（核桃）、胡瓜（黄瓜）、安石榴（石榴），胡萝卜、胡荽（芫荽、香菜）、无花果、菠菜、浑提葱、根大菜（糖萝卜）、椰枣树、刺桐、茉莉花等。美洲的甘薯、玉米、落花生、辣椒、菠萝、番荔枝、金鸡纳霜、马铃薯、烟草，中亚和西亚的狮子，印度和缅甸的犀牛、孔雀，克什米尔的沐猴，缅甸的大象，安息的孔雀等，也陆续传入中国。

伊斯兰教的东传
YISILANJIAODEDONGCHUAN

伊斯兰教是世界三大宗教之一。中国旧称大食法、大食教度、天方教、清真教、回回教、回教等。从 7 世纪伊斯兰教创立开始，阿拉伯穆斯林就沿着海陆交通线到达中国，进行贸易或旅行，传播伊斯兰教。伊斯兰教正式传入我国是在唐高宗永徽二年（651 年），阿拉伯帝国正式向中国派出第一个使节团，迄今已有 1300 多年的历史。之后，阿拉伯帝国遣使赴华曾达 47 次之多。伊斯兰教进入新疆地区最早是在 10 世纪初，时值中国五代时期。由回鹘人建立的哈喇汗王朝接受了伊斯兰教，经过一系列军事行动，战胜了于阗一带的佛教势力，在南疆地区确立了伊斯兰教的地位。唐至德二载（757 年），阿拉伯人应唐肃宗李亨的邀请，派军队前来帮助平定安史之乱。后来这些人留居在中国，成了中国内地

西安化觉寺

穆斯林来源的一部分。唐宋时期来中国经商的大食人更是络绎不绝，他们也带来了伊斯兰教，并流行于其聚居区。13 世纪随着蒙古人的西征，大批中亚各族穆斯林、阿拉伯人、波斯人东迁来华，定居建寺，有“元时回回遍天下”之说。

随着伊斯兰教的传播，各地也相继建立了一些清真寺，如广州怀圣寺、西安化觉寺、泉州清净寺和北京牛街礼拜寺等。伊斯兰教分逊尼派和什叶派两大宗派，中国主要是逊尼派。现今在回、维吾尔、塔塔尔、柯尔克孜、哈萨克、乌孜别克、东乡、撒拉、保安等少数民族 1700 多万人口中，绝大多数信仰伊斯兰教，有清真寺 3 万多所。

摩尼教的东传
MONIJIAODEDONGCHUAN

3 世纪中叶，波斯人摩尼创立宣扬光明与黑暗斗争的摩尼教，也称明教、明尊教、牟尼教或末尼教。在古代中世纪约 1000 年中，摩尼教曾经流行于伊朗、叙利亚、埃及、巴勒斯坦、北非、欧洲，以及中国的广阔地区。3 世纪末摩尼教已进入中亚地区，4 世纪初至 6 世纪摩尼教徒继续东行，其间因战乱不少西域人入居塞内，6—7 世纪由陆路丝绸之路传入新疆等地。武则天延载元年（694 年）摩尼教正式传入中国。20 年后唐玄宗将其视为邪教而下令禁断。安史之乱时，回纥助唐平乱，768 年唐代宗应回纥之请下令建摩尼教大云光明寺，随之摩尼教在长安、洛阳、太原以至长江流域传播开来。以后唐武宗灭佛，摩尼教又一次遭到禁绝。此后，摩尼教深入民间广泛传播。其基本教义是男女平等，分财互助，不吃荤酒，死后裸葬，反对儒学、道教和佛教等，所以曾被方腊领导的农民起义借用来作为组织形式，从事秘密活动，所谓“吃菜事魔”“夜聚晓散”。元末红巾军起义、清代白莲教起义，都深受其影响。

祆教的东传
XIANJIAODEDONGCHUAN

祆教又称火祆教、火教、拜火教，是隋末唐初对流行于中亚和中原地区的琐罗亚斯德教的别称。祆教在 4 世纪初就由粟特人带到中国，在南北朝时期一度十分流行，北魏灵太后（516—527 年）所祀之胡天神就是祆神。自波斯被大食所灭，祆教徒被迫东奔，唐朝以礼待之，因而两京和碛西各州均设有祆祠，最早的祆祠是西京布政坊西南的祆祠。祆教徒来中国并不传教，亦不译经，其教徒只有胡人而没有汉人。唐宋诗词中的“穆护”，即祆教僧人。唐武宗会昌灭佛后，祆教遭到禁绝，宋朝时还在民间传播，宋以后灭绝无记载。

景教的东传
JINGJIAODEDONGCHUAN

大秦景教流行中国碑拓本

景教又称波斯教、弥施教，是唐代对传入中国的基督教聂斯脱里派的称谓，是最早传入中国的基督教派别，即东方亚述教会。景教起源于今日叙利亚，是从希腊正教（东正教）分裂出来的基督教教派，由叙利亚教士君士坦丁堡牧首聂斯脱里于428—431年创立，主张基督有神、人“二性二位”，在东罗马被视为异端。其与当时作为罗马帝国国教的基督教正统派分裂后，日渐向东传播，一部分追随者逃至波斯，得到波斯国王保护，成立独立教会，流行中亚。约5—6世纪经叙利亚人从波斯传入中国新疆，7世纪中叶传入内地。唐贞观九年（635年），景教僧侣阿罗本由丝绸之路将此教传入中国。贞观十二年（638年），唐太宗李世民命令在长安城中义宁坊建寺一所，许其传教，但多由非汉族民众所信奉。从此景教在长安兴盛，并在全国都建有十字寺，亦称景教寺或波斯寺。唐天宝四载（745年）玄宗下令改称大秦寺。唐肃宗即位后，其信奉者不仅有来华的西域人，也有中国人，并有翻译的经典，如阿罗本时代翻译的《序听迷诗所经》《一神论》等。

汉地景教的名称是教徒自己所取，唐建中二年（781 年），吐火罗人伊斯出资于长安义宁坊大秦寺立《大秦景教流行中国碑》（现存西安碑林博物馆内）。845 年唐武宗会昌灭佛，景教同时被禁止，后来衰微，但在西域、蒙古等地依然存在。元代丝绸之路复通，景教再度传入，称为也里可温教。元亡后再次消失。

儒学与中国文学的西传

RUXUEYUZHONGGUOWENXUE DEXICHUAN

中国的儒学通过丝绸之路向西传播，给当时的东南亚文化带去了一定的影响。明朝中叶以前，以孔子为代表的儒家文化，不靠武力，不靠政府或政治背景，仍能远播海外，以伟大的人文精神——人道、仁道、和谐、中庸之道，辐射到周边国家，形成了广大的儒教文化圈。自从海上航路开通以后，中国的思想和艺术更是系统地输入了欧洲。1500—1840 年这 3 个多世纪，中国和欧洲之间的文化交流打破了长期以来以物质文化为主的交往局面，在思想文化层面出现了直接的对话。儒学西传大约从 10 世纪初起，欧洲人通称中国为“契丹”，把中国人称为“契丹人”。15 世纪，欧洲涌现出了各种航海的游记。《马可·波罗游记》使欧洲人认识并了解了中国。16 世纪末 17 世纪初，利玛窦将中国“四书”译为西文，在西方掀起了研究儒家思想的小高潮。在 1661—1662 年间，《大学》《中庸》《论语》等书被郭纳爵、殷铎泽、柏应理等人译成拉丁文，并将其命名为《中国哲学家孔子》，成为儒家思想西传欧洲的奠基性著作。在 18 世纪 30 年代，法国出版了杜赫德编写的《中国通志》。18 世纪法国传教士赫苍壁、白晋、宋君荣等翻译了《诗经》，儒莲翻译了《灰阑记》《赵氏孤儿记》《西厢记》《平山冷燕》《白蛇传》等文学作品，巴赞翻译了《合汗衫》《琵琶记》《货郎担》《窦娥冤》等，法国神父昂特尔科尔翻译了《今古奇观》，阿贝尔·雷米萨翻译了《玉娇梨》，英人威尔金森翻译了《好逑传》。19世纪，法国翻译了《二度梅》《三国演义》。19世纪初，法国的法兰西学院开始设立汉学讲席。此后，荷兰、德国、英国、俄国等欧洲国家陆续创立了汉学机构，进行系统性的儒学与中国文学研究。

霓裳羽衣曲
NICHANGYUYIQU

唐代著名大曲之一。唐明皇李隆基是个多才多艺的天子、杰出的音乐家，唐人称赞他“洞晓音律，由之天纵”。他开创了开元一代乐坛盛事，编制出了以《霓裳羽衣曲》为代表的数十部作品。自从玄宗专宠杨贵妃以来，由于贵妃擅长歌唱与舞蹈，激发了唐玄宗多才多艺情性的不断展现，共同的艺术情趣使两人不断进行探讨，《霓裳羽衣曲》就是两人爱情的成果。《霓裳羽衣曲》是唐代歌舞大曲中最精彩、最具代表性的，共分3个部分、36小段。前6段是“散序”，内容为独奏和轮奏，部分节奏自由，优美动听，在依曲编成舞蹈时，散序被当成器乐演奏的序曲来处理；中间18段为“中序”，随着乐曲节拍鲜明起来，舞蹈也开始了，以抒情婉转的慢板为主；后12段为“破”，节奏急促，舞势激扬，最后以一个停顿，像鸾凤飞舞后立即收起了翅翼一样，全舞在鹤鸣般的“长引声”中结束。《霓裳羽衣曲》有过多种表演形式：独舞、双人舞及数百人的大型群舞。表演时，舞者身穿多彩的羽毛衣，拖着有闪光花纹的白裙，伴着音乐的节奏，舞姿轻盈，飘逸如仙，整部乐曲描写了玄宗向往仙境、遇见仙女的梦幻故事。因为《霓裳羽衣曲》十分优美，历来被赞为仙乐，具有神秘色彩。

壁画《霓裳羽衣舞》

柘枝舞

ZHEZHIWU

柘枝舞是唐代盛行的西域舞蹈，来自西域的石国。石国又名柘枝、郅支，为西域古城，在今中亚江布林一带。柘枝舞最初为女子独舞，舞姿矫健，节奏多变，大多以鼓伴奏，舞者在鼓声中出场。后来有双人舞，名《双柘枝》。宋代变为群舞，有五人舞，中间人为花心；也有24人舞。舞时身藏于莲花，花折而后见，相向对舞。柘枝舞者身着五色绣罗宽袍，衣帽拖曳金铃，垂长带，脚着红锦靴。舞动时帽上金铃扑转有声，铃声悦耳。柘枝舞突出腰部动作，也重视面部表情，尤其是眼睛要有神采。唐诗中对《柘枝舞》的描述，与今日新疆流行的《手鼓舞》有许多相似之处。

当代 黄永玉《柘枝舞》

泼寒胡戏
POHANHUXI

唐歌舞戏，又称泼胡王乞寒戏、乞寒泼胡、乞寒胡戏，简称乞寒。在西域乐舞大量传入唐代内地的时候，作为西域风俗性歌舞游乐活动的泼寒胡戏也传了进来。它是源于大秦国（东罗马帝国）的习俗，后经丝绸之路传到西域，北周时由龟兹（新疆库车）传到内地。这种多人参加的集体舞活动类似于今天傣族地区的泼水节，不过泼寒胡戏是在11月的寒冬季节进行。届时，旗帜飘扬，鼓声震天，人们穿着胡服，骑着骏马，有的戴着兽面，有的裸露着身体，相互泼水嬉戏，奔跑追逐，喧噪喊叫，成群结队地跳着《浑脱》舞蹈，唱起《苏莫遮》歌曲，欢快之余亦可消火祛病。从唐武则天当政末年兴起，到中宗时盛行。唐玄宗即位后，于开元元年（713 年）禁断。这种在中原地区渐成蔓延之势的群众性泼水及歌舞游乐活动就逐渐绝迹了。

狮子舞 SHIZIWU

汉族狮子舞是汉代由西域传入的假形舞蹈，分为文狮、武狮两类。文狮子一般是戏耍性的，擅长表演各种风趣喜人的动作，如挠痒痒、舔毛、抓耳挠腮、打滚、跳跃、戏球等等；武狮子则重在耍弄技巧，普通的是踩球、过跷跷板，高难的是武功表演、走梅花桩。舞狮逐渐发展成为中国春节避邪免灾、迎祥纳福不可或缺的表演艺术。“文狮”和“武狮”也成为北、南两方风格迥异的两种狮子舞形式。狮子舞源于佛教，最早以“花会”形式出现，肇始于唐代，盛行于明清。乡村的房屋门口、桥头两侧、公共场地等均分布着形态各异的石狮，人们以狮子为避邪之物、吉祥象征，并在敬神祭祖时，以舞狮习俗寄托丰收、太平的良好愿望。在唐朝时期狮子舞就已被引入宫中，成为“燕乐”的一个重要组成部分。经历了 2000 多年的发展，各地狮子舞自成一派，少数民族也都有着不同风格的狮子舞。狮子舞遍及中国各地，南北都有，甚至远至西藏。

唐 陶舞狮俑 1960 年新疆吐鲁番阿斯塔那 M336 出土

外来的杂技与魔术
WAILAIDEZAJIYUMOSHU

魔术在我国古代称“幻术”或“眩术”，魔术表演者叫“幻人”或“眩人”。我国的幻术形成于夏朝以前，西汉时代更受佛教和西域幻术的影响，发展成熟。中国是魔术的发源地之一，公元前500年便有了“连环”的记述。“幻人”作为来自外域的文化使者，对于汉文化的丰富和繁荣曾经发挥了有益的作用。丝绸之路凿通之后，西域的幻术随之正式传入东土。公元前108年，安息国人带着大鸟来中国表演魔术。自汉代至晋代，传入中原的西域魔术（包括通过西域传入的天竺魔术）多为小型节目，且大多是较为残酷的节目，如吞刀、吐火、断舌、自缚自解等，其中代表性的节目是“鱼龙曼延”；唯有种瓜、种树等流行于印度、

东汉 墓室壁画《乐舞百戏图》 出土于内蒙古和林格尔墓

南亚的优秀节目，为中国吸收，并流传至清代。3—6 世纪末，其间凡 300 余年，为我国六朝时期，多种民族大融合使南北杂技、魔术技艺得到互相交流。610 年，隋炀帝曾于夜间设置百戏场，让西域人演出百戏。唐代幻术不仅有了很大发展，并且开始东传到日本。日本正仓院保存的古画中就有唐代“入壶舞”“卧剑上舞”的幻术图。明、清两代出现了我国前所未有的两本幻术书籍：一是明代陈眉公所著《神仙戏术》，载有传统幻术 20 多套，此书在国内失传；一是清代唐再丰编著的《鹅幻汇编》，共总结了 320 多套清代幻术、戏法，是一部很有历史价值的幻术专著。

鸦片战争后，在中国杂技人纷纷出国卖艺的同时，西方的马戏及魔术团体也纷纷来华演出。最早来华的外国魔术团是英国人瓦讷率领的表演团体，时为清同治十三年（1874 年），当时演出的节目有“帽中献彩”“空中悬人”等。由于西洋魔术表演形式新颖，服装、灯光、道具精致，中国观众大感兴趣。此后，美、日、奥、意、德等国家的魔术团陆续来华，而来华最多的是日本魔术名家天松旭斋一和他的门徒，他们对中国魔术界影响最深。

外来的乐器
WAILAIDEYUEQI

西汉时期古丝绸之路贯通，西域人大量入华，中西亚地区国家和民族的一些音乐和乐器传入中国。竖箜篌、琵琶、五弦、笙、横笛、筚篥、毛员鼓、都昙鼓、答腊鼓、腰鼓、羯鼓、鸡娄鼓、铜钹、螺贝、胡笳、唢呐等乐器都是由西域传来的。

西安唐墓乐舞壁画

隋唐是我国乐器发展的高峰，琵琶是唐代最为重要的乐器，它是西域著名的一种梨形古乐器，东汉年间传入中原。琵琶原来用木拔子弹拨，唐代才改用手弹。这种乐器是苏美尔人发明的，最早在公元前 2000 年美索不达米亚的小塑像上有发现。塞琉古王朝时期，琵琶传入波斯，或称 Tanbura。汉代文人用的乐器名称的文字，一作“批把”，一作“枇杷”。唐代以前，用“批把”方式演奏的各种形状的弹弦乐器都称作“琵琶”，后来才把“琵琶”二字作为曲项梨形音箱的专用名称，延续至今。

宋元明清时期（960—1840 年），最为重要的是弓弦乐器的发展。弓弦乐器的传入和普遍使用，促进了戏曲、说唱音乐的发展。古琴则出现了众多的流派。明末由波斯传入的扬琴，古波斯称为“桑图尔”（Santur），在阿拉伯地区被称为“卡龙”（Qanun），流传到中国后发展成为扬琴，因琴音色清丽、明亮清澈而悠扬动听，故名。元代传入了唢呐、云锣，这段时期宫廷音乐逐渐萧条，取而代之的是民间音乐。唢呐原来是流传于波斯、阿拉伯一带的乐器，名自古代波斯语 Surna 的音译，大约在金、元时代传入我国中原地区。到了清代，唢呐被称为“苏尔奈”，被编进宫廷的回部乐中。今天唢呐已成为我国各族人民使用颇广的乐器之一。

二胡，古称奚琴、胡琴，千年前自中亚胡域传入，类似古代波斯的喀曼介（Kamanche），因是胡人制造，又是用 2 根弦拉奏，所以又称二胡，回族民间称其为“忽忽儿”。二胡还根据音高、形制、演奏方法和用途的不同而分为高胡、中胡、板胡、京胡、坠胡、曲胡等，广泛应用于中国各民族的戏曲、音乐演奏和伴奏中。

筚篥，又称悲篥、笳管、头管、管子，起源于古代波斯的乃依（Nay），是西域各民族通用的乐器，种类有大筚篥、小筚篥、桃皮筚篥、柳皮筚篥和双筚篥等。筚篥于汉代西域龟兹国传入我国，至隋唐则大盛，成为隋唐燕乐及唐教坊音乐的主要乐器，不管是达官贵人还是平常百姓都爱吹筚篥，唐代筚篥高手云集。筚篥于唐代传入日本，使用的筚篥谱亦是唐代的十字谱。筚篥至今仍在日本流传使用，是雅乐的主要乐器。

忽雷，即阿拉伯乐器“乌德”在唐代的音译，波斯称为 Rabab，分大忽雷、小忽雷。其形制棒状梨形，双弦，蟒皮蒙腹，檀木为槽。大约 10 世纪时由回族人传入中国。

铜钹源于西域，最早在埃及、叙利亚、波斯等古国流传，后经中亚传入我国中原。兴隆笙就是早期的风琴，1260—1263 年间由中亚的花剌子模国传入中国。

外来的绘画艺术
WAILAIDEHUIHUAYISHU

秦汉时期，中国绘画的形式已经发展为宫殿壁画、地上建筑壁画、墓室壁画及与此相关的画像石、画像砖等。随着佛教沿着丝绸之路传入中国，西域艺术通过佛教艺术也在中国融合发展，三国两晋南北朝时佛教美术兴盛。佛教的石窟、造像、壁画等，都充分地反映着中西文化交流的艺术结晶，克孜尔、敦煌、云冈、龙门、麦积山等石窟所表现的佛教艺术主要源于印度的佛教艺术、犍陀罗艺术（因为犍陀罗艺术是希腊艺术影响的结果，所以中国绘画也受到了希腊、罗马艺术的影响）。隋唐时期，波斯文化开始影响中原文化，中国绘画在题材、内容和表现手法等方面进入到一个新的高峰。阎立德、阎立本兄弟及尉迟乙僧的绘画活动，以及以敦煌 220 窟为代表的壁画，代表了这一时期绘画艺术的最高成就。尉迟乙僧来自新疆的于阗国，善画佛像、鬼神、人物、花鸟。乙僧的父亲尉迟跋质那是隋朝著名画家，人称“大尉迟”，乙僧是“小尉迟”。尉迟乙僧发明了“用色沉着，堆起绢素，而不隐指”的“凹凸花”的画法，这种画法来自印度，南北朝时期梁朝的画家张僧繇已有所尝试，后被尉迟乙僧等人创新地介绍到了长安。盛唐吴道子与张僧繇属同一流派，也深受印度凹凸法的影响。于阗的这种凹凸晕染法促进了唐代水墨写意画法的产生和发展。

唐代绘画不仅大胆汲取、借鉴外来艺术的表现技巧，而且还通过中外经济文化的交流传播到其他国家，大食都城中就有中国画工献艺，而朝鲜半岛上的新罗曾在中国以高价收购名画家作品。

中国绘画也传入到日本。五代两宋以后，绘画题材较唐代有很大扩展，山水画与花鸟画发展很快。元、明、清时期文人画获得了突出的发展，题材上山水、花鸟占有绝大比重。文人画注意笔墨情趣及诗文书法相结合的题跋。至清代，西洋油画开始影响中国，1768年清乾隆皇帝招意大利画家郎世宁进宫御用。从20世纪开始，西方绘画的语言、理念等被逐渐引入中国画的创作领域，使得中国画得到前所未有的繁荣。

唐 尉迟乙僧 《舞姬图》

丘处机西行

QIUCHUJIXIXING

丘处机，1148年生于山东登州栖霞，19岁出家于宁海昆嵛山（今山东牟平东），1168年拜全真道祖师王重阳为师，号长春子。丘处机和其他6位同门合称“全真七子”。全真七子随王重阳一起创立道教全真派，丘处机在王重阳去世后入磻溪穴居，历时6年，

元 白玉雕长春真人神像

行携蓑笠，人称“蓑笠先生”。后又赴饶州龙门山（今陕西宝鸡龙门洞）隐居潜修7年，成为全真龙门派创始人。1224年春天，丘处机应燕京官员的邀请主持天长观。1227年，成吉思汗下诏将天长观改名长春宫（今北京白云观），并赠“金虎牌”，诏请丘处机掌管天下道教。1227年丘处机仙化于长春宫，元世祖追尊其为“长春演道主教真人”。

成吉思汗西征乃蛮时，遣近臣刘仲禄来聘请丘处机。丘处机认为西行有利于拯救生灵，遂西行西域。丘处机之所以这样选择，是因为北方杀戮太过，希冀此行可力劝成吉思汗戒杀，稍息兵祸。他不计自己73岁高龄，接受了成吉思汗之邀，于1220年去见成吉思汗。他北上草原，横穿蒙古本土，于1221年到达撒马尔罕城。丘处机在城中过了一个冬天，1222年3月初，在成吉思汗的大将博尔术保护下渡过阿姆河（今乌兹别克斯坦与阿富汗界河），4月初到达雪山（今阿富汗境内兴都库什山）成吉思汗驻地，历时14个月，行程万余里。在驻扎在今阿富汗境内的成吉思汗西征军行营内，丘处机与这位大汗朝夕相处数月，多次与之论道。他深明天下大势，看到了结束战乱使国家统一的重任已历史性地落到成吉思汗身上。成吉思汗的邀请书表面上请丘处机为己讲养生之道，实际上则是询问治国安邦大计。丘处机针对成吉思汗希冀长生之心理，要他将追求“成仙”与行善结合起来，劝告成吉思汗养生之道重在“内固精神，外修阴德”。内固精神就是不要四处征伐，外修阴德就是要去暴止杀。劝其务必禁止残暴杀戮，才能使事业最后成功。丘处机的劝善，使成吉思汗后期的统治政策有所和缓，后人对此有评价："一言止杀，始知济世有奇功。"丘处机西行遍及今蒙古、吉尔吉斯斯坦、哈萨克斯坦、乌兹别克斯坦、阿富汗等国，在所经过的城镇，宣讲道教等中国传统文化，让当地人民了解中国和中国的传统文化。丘处机离开成吉思汗，又走了大约1年，于1224年春西行归来，到达北京。1227年8月22日（阴历七月初九），丘处机在北京白云观仙逝，享年80岁。

马球运动的东传

MAQIUYUNDONGDEDONGCHUAN

马球，又称击鞠、蹴鞠、打球，是我国一项古老的集体运动项目。马球运动是古代游牧文化的"骑"与农耕文化的"球"相互交流和结合的产物，它是融马术和击球为一体的体育运动。马球起源于中国古代西藏，是由中国藏族的祖先吐蕃人首先发明的，后来通过古代丝绸之路，逐渐传往西域以至欧洲地区，曾一度风靡欧亚两洲。英语"Polo"（马球）一词就是来源于藏语。后又从波斯传到中国，因而也叫"波斯球"。马球这一运动形式除了马以外，主要器械为球和杖。其中的球仅如拳头大小，用质量轻而韧性强的木料制成，中间挖空，外边涂上颜色；而打马球的棍子叫"球杖""鞠杖"。以草原、旷野为场地，游戏者乘马分两队，手持球杖，共击一球，以打入对方球门为胜。

东汉时期就已有马球运动，唐宋元三代极为盛行，至清代始湮没，主要流行于军队和宫廷贵族中。马球最初作为军中练武之用，之后逐渐发展到民间。到了唐代，马球运动成了上自天子下至庶黎人人爱好的一项体育活动，而且还出现了专门的马球场。西安大明宫含光殿遗址出土的一方奠基石碑，上刻“含光殿及球场等大唐大和辛亥岁乙未月建”18个字，这是唐廷内建有马球场的实物证据。唐时马球从中国传到日本等地。五代时期，马球是宫女们的主要娱乐活动。北宋时宫廷女子马球这一运动项目更是持续不断。北宋宫廷女子马球队无论在乘骑上还是服饰上都非常豪华，这时的球场也已铺上了草坪，成了绿茵场地。

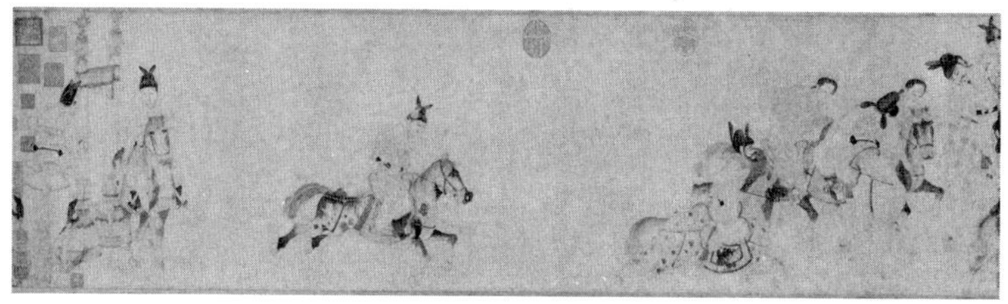

宋 佚名《太宗打球图》

麦积山石窟 MAIJISHANSHIKU

中国佛教四大石窟之一。麦积山石窟位于甘肃省天水市东南方50公里的麦积山乡南侧西秦岭山脉的一座孤峰上，因其形似麦垛而得名。石窟始建于后秦（384—417年），大兴于北魏明元帝、太武帝时期，魏孝文帝太和元年（477年）后又有所发展。西魏文帝元宝炬皇后乙弗氏（乙弗皇后）死后，在这里凿麦积崖为龛而埋葬。北周的保定、天和年间（561—572年），秦州大都督李允信为亡父建造七佛阁。隋文帝仁寿元年（601年）在麦积山建

麦积山石窟佛像

塔"敕葬神尼舍利"，后经唐、五代、宋、元、明、清各代不断的开凿扩建，成为中国著名的石窟群之一。唐开元二十二年（734年），地震将其崖面中部震毁，窟群分为东、西崖两个部分。麦积山石窟窟龛凿于高20~80米、宽200米的垂直崖面上；存有窟龛194个，其中东崖54窟，西崖140窟，泥塑、石胎泥塑、石雕造像7800余尊，最大的造像东崖大佛高15.8米，壁画1000余平方米，被誉为"东方雕塑馆"。石窟文化以佛教为主，早期造像具有西域、印度风格，后期造像以汉民族风格为主。宋代以来逐渐脱离宗教的束缚，泥塑凸显写实。现为国家重点文物保护单位。

敦煌莫高窟
DUNHUANGMOGAOKU

俗称千佛洞，居中国四大佛教石窟之首，坐落在河西走廊西端的敦煌。它始建于十六国的前秦建元二年(366年),历经十六国、北朝、隋、唐、五代、宋、西夏、元等历代的兴建，形成巨大的规模，有洞窟735个，壁画4.5万平方米、泥质彩塑2415尊，是世界上现存规模最大、内容最丰富的佛教艺术胜地。莫高窟开凿于敦煌城东南25公里的鸣沙山东麓的崖壁上，前临宕泉，东向祁连山支脉三危山，南北全长1680米。现存历代营建的洞窟共

735个，分布于15~30多米高的断崖上，上下分布1~4层不等。分为南、北两区；其中南区是礼佛活动的场所，有各个朝代壁画和彩塑的洞窟492个，彩塑2400多尊，壁画4.5万多平方米，唐宋时代木构窟檐5座，还有民国初重修的作为莫高窟标志的九层楼，莲花柱石和舍利塔20余座，铺地花砖2万多块；北区的243个洞窟（另有5个洞窟已编入北区492个号中）是僧侣修行、居住、瘗埋的场所，内有修行和生活设施土炕、灶坑、烟道、壁龛、灯台等，但多无彩塑和壁画。敦煌石窟的彩塑和壁画大都是佛教内容，如彩塑和壁画的尊像，释迦牟尼的本生、因缘、佛传故事画，各类经变画，众多的佛教东传故事画，神话人物画等，每一类都有丰富、系统的材料。还涉及印度、西亚、中亚、新疆等地区，可帮助了解古代敦煌以及河西走廊的佛教思想、宗派、信仰、传播，佛教与中国传统文化的融合，佛教中国化的过程等等。1900年，道士王圆箓意外发现了莫高窟的藏经洞，其5万件佛经书、文书、遗画先后遭到沙俄鄂登堡、英国斯坦因、法国伯希和、日本吉川小一郎等人的盗劫，至今散落于各国的博物馆里，只有一小部分保存在中国国家图书馆。

唐 敦煌壁画《药师七佛图》

炳灵寺石窟
BINGLINGSISHIKU

佛教石窟名，位于甘肃省临夏回族自治州永靖县西南约 40 公里处积石山大寺沟西侧的崖壁上。西晋初年开凿在黄河北岸大寺沟的峭壁之上，正式建立于西秦建弘元年（420 年），上下四层。最早称为唐述窟，是羌语“鬼窟”之意，唐代称龙兴寺，宋代称灵岩寺，明朝永乐年后称炳灵寺，“炳灵”是藏语“仙巴炳灵”的简化，即“十万佛”之意。存有窟龛 183 个，共计石雕造像 694 尊，泥塑 82 尊，壁画约 900 平方米，分布在大寺沟西岸长约 200 米、高 60 米的崖面上。石窟以位于悬崖高处的唐代“自然大佛”（169 窟）以及崖面中段的众多中小型窟龛构成其主体。炳灵寺石窟的石刻造像时代不同，风格迥异，不论是西秦的骠悍雄健还是北魏的秀骨清像，也不论是北周的珠圆玉润还是隋唐的丰满夸张，或是宋

炳灵寺石窟

代的求变写实，都采用了以形写神、形神兼备、重在写神的传统技艺，它们是佛教观念、信仰、情绪的物化艺术形式。炳灵寺壁画保存下来的数量不多，却反映了十六国时期西北地区人民的社会风貌、音乐舞蹈以及装饰艺术，这是炳灵寺壁画重要价值之所在。这些以密宗为内容的壁画，其绘画技法仍然继承了唐宋传统。现为全国重点文物保护单位。

克孜尔千佛洞
KEZIERQIANFODONG

又称克孜尔石窟或赫色尔石窟，著名的中国佛教石窟群。位于新疆拜城县克孜尔镇东南60公里的河流阶地上，背依明屋达格山，南临木扎提河和雀尔达格山，其间有渭干河蜿蜒流过。克孜尔石窟坐落于悬崖峭壁之上，有4个石窟区，绵延约3公里，大部分塑像都已被毁，共有石窟236个，其中保存壁画的洞窟有80多个，壁画总面积约1万平方米。它是中国开凿最早、延续时

克孜尔千佛洞

间最长、地理位置最西的大型石窟群。大约开凿于 3 世纪，延至 8—9 世纪停建，其地属于龟兹古国。龟兹地处古丝绸之路的交通要冲，是“西域佛教”的中心，中国古代名僧鸠摩罗什就出生在这里。石窟内壁画内容丰富，不仅有表现佛教的“本生故事”“佛传故事”“因缘故事”等壁画，还有大量表现世俗生活情景的壁画，可谓一部龟兹文化的百科全书，是龟兹石窟艺术的发祥地之一。现在为全国重点文物保护单位，2014 年被列入世界文化遗产。

热瓦克佛寺遗址
REWAKEFOSIYIZHI

热瓦克佛寺遗址位于和田洛浦县吉亚乡西北 70 公里处的沙漠中，是和田地区保存较好的唯一具有犍陀罗风格的佛寺遗址。兴衰年代为 2—10 世纪，即南北朝至唐代。于阗国（今和田）是古丝绸南路上的一个要冲和交通枢纽，佛教从印度沿丝绸之路传入新疆，而后挺进中原内地。当时在新疆形成了三大佛教中心，于阗是其中之一，有“佛国”之称。佛寺庙宇、泥塑壁画遍布于阗各城郭，热瓦克佛寺就是当时于阗国寺庙建筑的代表。热瓦克，意思是“楼阁”“凉台”。它是一组以佛塔为中心的佛寺建筑群，面积 2300 平方米，佛塔为院墙、院落所包围。整个佛塔分三层：第一层为正方形的佛基，佛基高 2.5 米，边长 24 米；第二层也是正方形，高 2.8 米，边长 11 米；第三层为圆形，中间是空心的，高 3.6 米，顶部直径 9.6 米。院墙内有大量壁画、泥塑、佛像。热瓦克以佛塔为中心的建筑、雕塑艺术，尤其是“上圆下方中空”的佛塔与印度寺塔风格十分接近。热瓦克犍陀罗式佛教雕塑为泥

热瓦克佛寺遗址

塑模型和泥像，源于塔克西拉和帕格曼，从其衣褶宽博飘逸状的典型希腊风格看，属犍陀罗艺术处于全盛时期的作品。英国斯坦因分别于1901年、1906年到达热瓦克，盗走了大量珍贵文物。1928年，德国人椿克尔盗走文物6箱，今存德国不莱梅市。1929年，我国考古学家黄文弼在考古舒适途中经过热瓦克，后在《塔里木盆地考古记》一书中略有记载。

苏巴什佛寺遗址
SUBASHIFOSIYIZHI

苏巴什佛寺又称昭怙厘大寺，位于新疆库车县城东北23公里处雀尔达格山南麓，现存面积近20万平方米。苏巴什佛寺是龟兹王国内著名佛寺之一，建于东汉末，鼎盛于隋唐，龟兹高僧鸠摩罗什曾在此开坛讲经。630年，唐玄奘西去取经曾在此驻留两个多月。7世纪中叶，唐朝把安西都护府移设龟兹后，此寺高僧云集，佛事兴隆，直至9世纪被战火摧毁。14世纪，伊斯兰教进入塔里木盆地后，此寺彻底废弃。苏巴什佛寺遗址分东、西两寺，分布在铜厂河东西两岸。东寺用土坯建造，墙壁高者达 10 余米，有重楼。城内有 3 座高塔，颇宏伟；现已毁，仅存庙塔、僧舍遗迹。西寺中依断岩处有一小围墙，呈方形，周约 318 米，亦土坯筑，残高 10 米以上。遗址上有数处高塔。北面有佛洞一排，洞壁上刻有龟兹文字和佛教人物像。曾出土过汉、南北朝、唐代钱币，波斯萨珊朝库斯老二世银币，铜、铁、陶、木器、壁画、泥塑佛像及绘有乐舞形象的舍利盒等。此外还发现了写有古民族文字的木简及残纸。1903 年，日本大谷光瑞探险队从西寺发掘出一木制舍利盒，现藏于日本东京国立博物馆。1906 年，法国的伯希和在此盗走 7 个舍利盒等珍贵文物。现为全国重点文物保护单位。

西寺出土的木质舍利盒，现藏于日本东京国立博物馆

库车清真大寺
KUCHEQINGZHENDASI

库车清真大寺，位于新疆维吾尔自治区库车县城东，是新疆境内第二大伊斯兰教清真寺。大寺内有宗教法庭，是目前新疆唯一的一处宗教法庭，有很高的研究价值，据传为16世纪新疆伊

库车清真大寺

斯兰教黑山派首领伊斯哈格吾里从喀什到库车留居传道期间所倡建。清代末年及民国初年，几度重建和扩建。1931年毁于火灾，同年，由库车豪富哈里木·阿吉出资在原址侧旁主持兴建，1934年完工。该寺是库车穆斯林的宗教活动和教育中心，可容数千人礼拜。寺院面积1165平方米，门楼高18.3米，全部用青砖砌成。建筑材料采用红砖、石料、石膏和桑木。由礼拜殿、宣礼塔、拱顶门楼、望月楼、讲经堂、宗教法庭、宿舍等组成。3座宣礼塔分别耸立于门楼之侧，高约16米。由于地势较高，可以俯瞰全城。礼拜大殿由88根木柱支撑，分明间、次间和梢间，并加有格扇。正中高出屋面的巨型天窗，采用卷棚式屋顶。圆柱刻有各种图案。殿内雕刻、壁画、书法精致华美，凹壁、藻井、门窗装饰讲究，具有浓郁的维吾尔族建筑风格。院内无名麻札为明末清初的建筑遗物。1976年被列为库车县重点文物保护单位。

尼雅遗址是汉晋时期精绝国（前2—5世纪）故址，新疆维吾尔自治区重点文物保护单位，国家级文物保护单位。维语中，“尼雅”是“遥远”的意思。尼雅遗址是汉晋时期丝绸之路南道上的一处东西交通要塞，位于新疆和田地区民丰县以北约100公里的塔克拉玛干沙漠南缘、尼雅河下游尾闾地带。在1700年前的3世纪，发源于昆仑山脉吕士塔格冰川的尼雅河经此向北延伸，那时这里还是一片繁荣的绿洲。1700年以来，由于气候和地质的变迁，河床退缩，这里已经退化成为典型的流动沙丘地貌。遗址

东汉 “延年益寿大益子孙”锦鸡鸣枕 1995 年尼雅遗址 1 号墓地 M1 出土

以佛塔为中心，沿古尼雅河道呈南北向带状分布，分布范围南北长约 30 公里，东西宽约 7 公里。其间散落房屋居址、佛塔、寺院、城址、冶铸遗址、陶窑、墓葬、果园、水渠、涝坝等各种遗迹约百余处，是新疆古文化遗址中规模最大且保存状况良好，又极具学术研究价值的大型遗址之一。遗址出土有木器、铜器、铁器、陶器、石器、毛织品、钱币、木简等遗物。此外，还发现了当时炼铁遗留下来的烧结物和炭渣。这座古城 1901 年被英国人斯坦因首次发现，斯坦因两次共发掘废址 53 处，掘获佉卢文木简 721 件，汉文木简、木牍数件，以及武器、乐器、毛织物、丝织品、家具、建筑物件、工艺品和稷、粟等粮食作物，确定此处为西汉时期精绝国的遗址。此事轰动了世界，尼雅遗址被称为“东方庞贝城”。1905 年美国人亨廷顿、1911 年日本人橘瑞超等亦先后涉足此地。1959 年中国考古工作者发掘出东汉夫妇合葬墓，墓中出土了两具干尸和一批珍贵文物，其中，蓝底卉染棉布残片和棉布裤被认为是我国迄今所见的最早棉织物。精绝国于东汉后期为鄯善国所并，后受魏晋王朝节制。因其地处丝路南道交通必经之地，大量文物的出土不仅反映了浓郁的地域文化特色，更为研究西域史、丝绸之路史、古代东西文化交流史提供了翔实资料。尼雅与楼兰是我国最著名的两座已湮没的古城废墟，现在楼兰的神秘面纱已经被一点点地揭开，而尼雅的祖先是谁？来自哪里？为何湮灭？其神秘有待揭开。

喀什香妃墓
KASHIXIANGFEIMU

香妃墓又名阿帕克霍加麻札，位于新疆喀什东郊5公里的浩罕村，是自治区的重点文物保护单位。这是一座伊斯兰宫殿式古建筑群，也是伊斯兰教圣裔的陵墓，占地2公顷。这里埋葬的是阿帕克霍加家族五代72人。这个家族中最为有名的是阿帕克霍加，他曾夺得了叶尔羌王朝的世袭政权，是17世纪伊斯兰“伊禅教派”的领袖，于1693年死后葬于此地，所以这座陵墓也称“阿帕克霍加墓”。香妃是阿帕克霍加的孙女伊帕尔汗。伊帕尔汗是乾隆皇帝的爱妃，由于她身上常有一股沙枣花香，人们便称她为“香妃”。香妃死后由其嫂苏德香将其尸体护送回喀什，并葬于阿帕克霍加墓内，因而人们又将这座陵墓称作香妃墓。这只是传说，不过据考证，乾隆皇帝的妃子——容妃，叫伊帕尔汗，她身上总有一股浓郁的沙枣花香，故又称“香妃”。伊帕尔汗在宫中生活了28年，53岁时病逝，葬于河北清东陵裕妃园寝内，传说香妃的兄长用了三年半时间，从北京带回遗物葬在陵殿的东北角，所以香妃墓内存放的是香妃的衣冠。香妃墓就像一座富丽堂皇的宫殿，高 40 米，由门楼、大小礼拜寺、教经堂和主墓室 5 部分组成。正门楼精美华丽，两侧有高大的砖砌圆柱和门墙，表面镶着蓝底白花硫璃砖。与门楼西墙紧连的是一座小清真寺，前有彩绘天棚覆顶的高台，后有祈祷室。陵园内西面是一座大清真寺，正北是一座穹窿顶的教经堂。主墓室在陵园东部，是整个建筑群的主体建筑，主墓屋顶呈圆形，其圆拱直径达 17 米，无任何梁柱，外面全部用绿色琉璃砖贴面，并夹杂一些绘有各色图案和花纹的黄色或蓝色瓷砖，显得格外富丽堂皇、庄严肃穆。墓室内部筑有半人高的平台，平台上整齐地排布着大小不等的数十个墓丘，墓均砌以白底蓝花的琉璃砖，看上去晶洁素雅。

香妃墓

塔尔寺
TAERSI

塔尔寺位于青海省西宁市西南25公里处的湟中县鲁沙尔镇西南隅的莲花山坳中。得名于大金瓦寺内为纪念黄教创始人宗喀巴而建的大银塔，古称"佛山"，藏语称为"衮本贤巴林"，意思是"十万狮子吼佛像的弥勒寺"。该寺初建于明嘉靖三十九年（1560年），迄今已有400多年的历史，是中国藏传佛教格鲁派（黄教）六大寺院之一。其建筑有大金瓦寺、大经堂、弥勒殿、九间殿、花寺、小金瓦寺、居巴扎仓、丁科扎仓、曼巴扎仓、大拉浪、大厨房、如意宝塔等9300余间（座），组成一庞大的藏汉结合的建筑群，占地面积45万平方米。寺内的酥油花、壁画和堆绣被称为"塔尔寺三绝"，还珍藏了许多佛教典籍和历史、文学、哲学、医药、立法等方面的学术专著。1949年8月，十世班禅额尔德尼·确吉坚赞坐床典礼在塔尔寺隆重举行。同年10月，十世

塔尔寺

班禅从塔尔寺向毛泽东主席发出贺电，祝贺中华人民共和国成立。以后塔尔寺受到国家重点保护，为国家重点文物保护单位。塔尔寺现在是青海省佛学院的最高学府，设有显宗、密宗、时轮、医明四大学院（经院），藏语分别称为参尼、居巴、丁科、曼巴扎仓，是西北地区藏传佛教的活动中心，在全国及东南亚亦享有盛名。蒙、藏、土等少数民族均视塔尔寺为圣地，都以来此朝觐为荣。

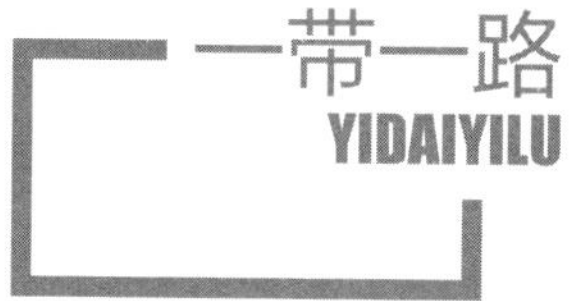

一带一路 YIDAIYILU

“一带一路”是“丝绸之路经济带”和21世纪“海上丝绸之路”的简称，来自习近平主席在2013年9月和10月提出的建设“新丝绸之路经济带”和21世纪“海上丝绸之路”的战略构想。“一带一路”不是一个实体和机制，而是合作发展的理念和倡议，是依靠中国与有关国家既有的双边、多边机制，借助既有的、行之有效的区域合作平台，旨在借用古代“丝绸之路”的历史符号，高举和平发展的旗帜，主动地发展与沿线国家的经济合作伙伴关系，共同打造政治互信、经济融合、文化包容的利益共同体、命运共同体和责任共同体。“一带一路”规划被认为是“中国版马歇尔计划”的战略载体。习近平提出5点建议：第一，以亚洲国家为重点方向，率先实现亚洲互联互通。“一带一路”源于亚洲、依托亚洲、造福亚洲。中国愿通过互联互通为亚洲邻国提供更多公共产品，欢迎大家搭乘中国发展的列车。第二，以经济走廊为依托，建立亚洲互联互通的基本框架。“一带一路”兼顾各国需求，统筹陆海两大方向，涵盖面宽，包容性强，辐射作用大。第三，以交通基础设施为突破，实现亚洲互联互通的早期收获，优先部署中国同邻国的铁路、公路项目。第四，以建设融资平台为抓手，打破亚洲互联互通的瓶颈。中国出资 400 亿美元成立丝路基金。丝路基金是开放的，欢迎亚洲域内外的投资者积极参与。第五，以人文交流为纽带，夯实亚洲互联互通的社会根基。未来 5 年，中国会为周边国家提供 2 万个互联互通领域培训名额。2015 年发布的《推动共建丝绸之路经济带和 21 世纪海上丝绸之路的愿景与行动》，勾勒出“一带一路”路线图，标志着“一带一路”步入全面推进阶段。最近由中国倡议成立了亚洲基础设施投资银行，也是为建设“一带一路”服务的。

后记 Afterword

《汉唐丝绸之路》是《西安小史》系列丛书之一，也是一本紧扣丝绸之路历史文化的读本。笔者自1985年从西安交通大学管理系毕业分配到陕西省社会科学院工作至今，已经从事文化旅游、文化产业方面的研究30年。基于对丝绸之路的情有独钟，笔者近年来研究均以“丝绸之路”为重点，并独立主持完成了国家社科基金课题《以西安起点为龙头的丝绸之路文化旅游研究》、西安市社科基金规划课题《以西安起点为龙头的丝绸之路文化旅游研究》《西安丝绸之路起点景观体系研究》、西安市发改委重大课题《西安建设丝绸之路文化高地研究》、陕西省社科院重点课题《陕西在共建丝绸之路经济带中旅游、文化先行对策研究》等相关项目，于2010年撰写了《长安与丝绸之路》专著。《汉唐丝绸之路》是笔者在研究丝路文化多年积淀的基础上撰写的第二部关于丝绸之路文化的专著。因对丝绸之路文化的热爱，笔者暂缓其他写作，欣然接受了本书的写作邀请。

西安是丝绸之路的起点，而今以习近平为核心的党中央提出了一路一带的宏伟战略，又赋予了西安新丝路、新起点、新高地的历史使命。在此背景下该书力求突破国界疆域，遴选解释了丝绸之路上大量有影响的事件、国家、城镇、民族、人物、文化、艺术以及现存的遗迹。从起点长安一直贯穿古罗马，所涉内容丰富、全面。文笔通俗易懂，今昔图片并茂。意向是通过一个个高度浓缩的名词解释展现汉唐丝路的沧桑演变及东西文化融合焦点的人、物、事，为正在探索、研究、关心丝绸之路的仁人志士提供参考。

借此片席之地，感谢杜文玉先生对该套丛书逐句逐字的编审指教！感谢张博文、庞倩茹同志协助查核资料、选配图片！感谢曲江出版传媒股份有限公司编辑的认真编校和通力合作。因为该书字数有限，大量内容未能写入。有的内容历史上存有争议，虽多取自众家共识之论，然难免有疏漏之处，还望读者不吝指正。

张燕

（陕西省社会科学院文化旅游研究中心主任、研究员）

2015年7月20日